Como vuela la pelota

Jennifer Degenhardt

This is a work of fiction. Names, characters, events or incidents are either products of the author's imagination or are used in a fictitious manner. Any resemblance to actual persons or actual events is purely coincidental.

Copyright © 2020 Jennifer Degenhardt
(Puentes)
All rights reserved.
ISBN-13: 978-1-7333464-1-2

For Grant and Harrison. Your love of sports
inspired me to write this book.

ÍNDICE

Prólogo		1
Capítulo 1	Mario	8
Capítulo 2	Carlos	13
Capítulo 3	Elvin	19
Capítulo 4	Mario	25
Capítulo 5	Carlos	31
Capítulo 6	Elvin	39
Capítulo 7	Mario	44
Capítulo 8	Carlos	51
Capítulo 9	Elvin	56

Capítulo 10	Mario	62
Capítulo 11	Carlos	67
Capítulo 12	Elvin	72
Capítulo 13	Mario	76
Capítulo 14	Carlos	80
Capítulo 15	Elvin	84
Capítulo 16	Mario	87
Epílogo		93
Glosario		97

AGRADECIMIENTOS

Very special thanks to Michela McCaughey, a Spanish teacher at TAPA: Trinity Academy for the Performing Arts in Providence, Rhode Island and her 11th grade heritage-speaking students (list below) for reading an early draft of this book. They helped with grammar, storyline and vocabulary flavor, especially in reference to the Dominican-American parts of the book. I am grateful for their help, of course, but so delighted that they wanted to be part of this project.

Adrian Cardenas
Arnaldo Castro
Geremy Estevez
Joseline Fernandez
Rachel Gil
Lailani Green
Chrismerry Guerrero
Joylynn Irizarry
Franlis Martinez
Joel Monterroso
Loranny Morel
Melanie Paulino
Raymer Peralta
Camille Suarez
Angel Valenzuela
Sherlyn Villarnovo

The cover art for this book was drawn by Emmaleah Vickers, a junior student at Wayland Academy. I thank her for her creativity, her professionalism and the wonderful end product.

Thank you to Tara Allen for simply suggesting that I write a book about baseball.

To Chris Howell for his help with some questions regarding life in Nicaragua and for the inspiration for one of the threads of this story, thank you.

Thank you to Grant Collins and Aaron Gerard for their help with some baseball information.

To A.C. Quintero and Ana Andrés for being beta readers and editors all in one.

NOTA

In Nicaragua, as in the dialects of other Spanish-speaking regions in the Americas, the use of *vos* as a second-person singular pronoun is common. The *voseo*, as it is called, can be used instead of *tú* or concurrently. It is used in the chapters of the book that take place in Nicaragua.

Prólogo

—Carlitos, tú y Mario vayan a la calle y tiren piedras a las ventanas de la fábrica vieja, ¿OK? Umbo y yo tenemos que hacer unos «negocios» en el parque —dice Antonio a su hermano menor.
—Pero, Antonio, mamá me dijo que yo tenía que estar contigo todo el tiempo hasta que llegue a casa —dice Carlitos.
—Litos[1], ya lo sé, pero solo van a ser unos minutos. Y ustedes nos van a ayudar mucho con el negocio si van a tirar piedras.
—¿Cómo? —le pregunta Carlitos.
—Pues a veces los policías andan por aquí y no queremos que entren en el parque. Tú y Mario van a ser la distracción —explica Antonio.
—¿Qué pasa si los policías entran? ¿Vamos a tener problemas con ellos? —le pregunta Carlitos a su hermano mayor.
—No pasa na[2], hermanito. Si los policías los ven tirando piedras, corran.
—Pero, Antonio, ¿qué pasa si nos agarran? —pregunta Carlitos preocupado.

---
[1] Litos: shortened form of «Carlitos».
[2] na: shortened form of «nada».

—Ay, Litos. No seas preguntón, ni seas don angustias[3]. No pasa na.

Antonio le ondula el pelo y le da una palmadita suave en el cachete a su hermanito de ocho años. «Casi nueve» le diría Carlitos, a su hermano mayor.

Antonio y Umbo se separan de los chicos y caminan hacia el parque. Ellos también son jóvenes, de solo quince y dieciséis años, pero van a hacer algo que les va a marcar para siempre.

—¿Conoces a este cliente? —le pregunta Umbo a Antonio.
—No, es nuevo. Pero quiere comprar mucho —dice Antonio—. Dice que tiene otros clientes que quieren comprar también. Podemos ganar bastante esta tarde.
—Bien. ¿Llega ahorita? —pregunta Umbo.
—En diez minutos. Quédate aquí y cúbreme, ¿OK?
—Claro, mano[4].

*****

Con piedras en los bolsillos, Carlitos y Mario llegan a la acera enfrente de la fábrica vieja.

---

[3] don angustias: worrywart.
[4] mano: shortened form of «hermano».

—Carlitos, creo que no es buena idea tirar piedras...
—Pero Antonio dice que no pasa na. Y él es mi hermano mayor, entonces le voy a hacer caso. Él es responsable, ¿no? Tus padres no están aquí, mi mamá no está y Antonio sabe más que nosotros.
—Carlitos, tu mamá nunca está. Siempre estás con Antonio o solito en la casa.
—Sí. Pero cuando estoy con Antonio, él me cuida y tengo que obedecer lo que dice. Vamos.

Carlitos toma una de sus piedras y la tira a la ventana del segundo piso de la fábrica abandonada, pero no llega.
—Ay, tienes brazo de un niño, mano. Mira, te enseño. ¿Ves la ventana en el tercer piso con solo un cristal intacto? Allí la pondré —dice Mario, siempre competitivo.

Y con esto, Mario toma una piedra y la lanza arriba, a lo que parece el cielo. En el momento que va a desaparecer, hace un arco y le pega al cristal que indicó hacía unos segundos.

¡CRAC!

El cristal se quiebra y se cae al suelo.

Carlitos se queda boquiabierto sin poder decir nada. Quiere preguntarle a su mejor amigo cómo aprendió a lanzar así, pero no hay tiempo porque, de repente, los dos oyen las voces de dos adultos.

—Oigan. ¿Qué hacen ustedes?
—¿Qué hacen allí?

Carlitos y Mario se miran preocupados, pero Carlitos recuerda qué hacer.
—¡Corre! —le dice a Mario y entonces corre rápidamente en la dirección del parque y grita—: ¡TONIO—O—O—O!

Mario no tiene la misma reacción. En vez de correr, Mario se queda casi paralizado.

Un policía persigue a Carlitos y el otro se acerca a Mario.

—Hola, soy el oficial López. ¿Cómo te llamas? —dice el policía a Mario.
—Mario —contesta atemorizado.
—¿Qué hacen ustedes aquí? —pregunta el oficial López.

Mario no quiere decirle qué hacen, pero no quiere mentirle tampoco. Piensa en sus padres y lo que van a decirle...

—Um, lanzábamos piedras —contesta Mario.
—Ah, ¿sí? ¿Por qué?

—Por nada —dice Mario pensando en el lanzamiento per-FEC-to a la ventana en el tercer piso.
—¿Juegas al béisbol? —pregunta el oficial López.
—No —contesta Mario—. ¿Por qué?
—Porque te vi lanzar esa piedra que quebró el cristal.

Mario baja la cabeza. La policía lo vio cometer el crimen. «¿Es un crimen? Si la mayoría de las ventanas ya están quebradas...», piensa Mario en ese momento.

—¿Usted me va a arrestar? —pregunta Mario, que obviamente cree que quebrar ventanas ES un crimen.
—Vamos a ir a tu casa para hablar con tus padres. No debes estar en la calle tirando piedras. Es un crimen, ¿sabes? ¿Dónde vives? —pregunta.

El policía no es simpático, pero no le habla mal, como dicen muchas otras personas en el barrio de la policía en general. Dicen que a los policías no les gusta la gente hispana y que la trata mal. Los policías son injustos, dicen.

El policía toma su radio para comunicar algo.

—Llevo al delincuente a....

Indica la dirección del apartamento donde vive Mario. Mario, a sus ocho años, casi nueve como Carlitos, no sabe qué pensar. ¿Delincuente? ¿Tendrá más problemas con la policía o con sus padres?

*****

El cliente llega a la orilla del parque en un carro de lujo. Baja la ventana y espera hasta que Antonio se acerca al carro.

—¿Eres Maddog? – pregunta el hombre del carro.
—Sí. Es lo que quieres, ¿no? —dice Antonio ofreciéndole el producto.
—Exacto. Aquí tienes el dinero. Si a mis clientes les gusta, contactaré contigo para comprar otra cantidad para el fin de semana.
—Ta[5] bien.

Antonio no le dice nada más al hombre. El hombre del carro tampoco dice nada, presiona el botón de la ventana polarizada y se va. Antonio mira en todas direcciones y da la vuelta para regresar a donde está Umbo. No quiere que nadie, al menos la policía, lo vea. Ha vendido droga otras veces, pero no tanta como hoy. Si lo hace bien, Cruz le va a dar más

---

[5] ta: shortened form of «está».

responsabilidad en la banda. Y con más responsabilidad, viene más dinero —dinero que necesita la familia—.

Justo en el momento que Antonio llega a la banca donde está Umbo, oye un grito: «TONIO—O—O—O».

Capítulo 1
Mario

BIP. BIP. BIP.

La alarma suena y me levanto inmediatamente. Hay un partido hoy a las once de la mañana, aunque tengo que estar en la cancha a las nueve para calentarme. Mi amigo Rodrigo va a llegar temprano también para ayudarme. Rodrigo es el cácher y yo el pícher de nuestro equipo de béisbol.

—¿Te levantaste, Mario? Oí tu alarma —dice mi mamá desde fuera de mi cuarto—. ¿Te preparo desayuno, hijo?
—Sí, mamá. Gracias. Pero no quiero comer mucho porque tengo que jugar en dos horas.
—Pero hijo, tienes que comer. Vas a... —insiste mi mamá, preocupada siempre por mí, su único hijo.

No escucho más a mi mamá porque prendo la música en mi teléfono. En mi lista de Spotify escucho música de Amorfoda y Bad Bunny y más. La música me ayuda a alistarme más rápido.

Mi bolsa de deporte con todo mi equipo también está lista. Dentro tengo guantes, bates, camisa de uniforme, dos toallitas y resina para los bates, zapatillas para béisbol, mi casco. Pero todavía tengo que ponerme los pantalones, las medias, la camiseta y la gorrita azul, que son parte de mi uniforme. Me lo pongo y camino a la cocina con la bolsa de deporte en la mano.

—Buenos días, mamá —le digo dándole un beso.
—Buenos días, hijo. ¿Estás listo para el partido de hoy? ¿Es solo un partido o son dos? —pregunta mi mamá mientras me sirve un plato de pan y huevo, más una taza de café.
—Sí, mamá. Solo un partido, no hay un doble hoy —le digo.
—Qué bien. Lo siento, hijo, pero no voy a poder…
—Mamá, lo sé. No te preocupes. Entiendo que tienes que trabajar —digo.
—Pero tu papá va a poder llegar para ver la segunda mitad del partido —me dice.
—Está bien, mamá. Voy a recordar todos los detalles…
—Para que me cuentes después —termina la frase mi mamá y continúa—: ¿Y Carlitos? ¿Va a poder ir?
—Mamá, ahora prefiere que lo llame Carlos. Ya es grande. Como yo —digo con una sonrisa—. Ya no es un niño y quiere usar un nombre más…
—¿Y cuándo va a pasar por la casa? Lo extraño —interrumpe mi mamá.

Estoy un poco cansado de tantas preguntas, pero no quiero enojarme antes del partido.

—Dice que tiene mucho que hacer —le digo a mi mamá.
—Oh, Mario. Espero que él pueda tener más amigos como tú y los que están en tu equipo. No me gusta que él pase tanto tiempo con esos muchachos que veo por la calle. Los mismos muchachos que...

Mi mamá no termina de decir lo que piensa. Sé que ella se refiere a los tipos de la pandilla de los Trinitarios[6], los mismos que le echaron la culpa a Antonio y por quienes tiene que cumplir de 10 a 20 años en la prisión estatal.

—Mamá. Lo sé. Hemos hablado mucho de Carlos y sus actividades. Tampoco estoy de acuerdo con lo que hace, pero todavía es mi amigo —dice Mario.
—Y todavía es como otro hijo mío —dice mi mamá.

---

[6] Trinitarios: a street gang in New York city whose members are Dominican-American. It was founded in the 1980s within the state of New York prison system. The gang adopted the name Trinitarios or 3NI for the three Dominican Revolutionaries Juan Pablo Duarte, Francisco del Rosario Sánchez y Matías Ramón Mella. The slogan of the Trinitarios is the same as that of the Dominican Republic: «Dios, patria y libertad» (God, Country and Freedom). Their colors are blue, white, red and lime green.

Aunque es bastante temprano, recibo un mensaje de texto de Carlos.

¿Tienes partido hoy? Quiero verte jugar.

Escribo mi respuesta y en ese momento mi mamá me hace una pregunta.

—¿Es Carlitos? Invítalo a cenar con nosotros mañana. Voy a preparar un sancocho de siete carnes[7], tostones[8], plátano con salami y arroz con berenjena.

Después de tocar «Enviar» en la pantalla, escribo el otro mensaje con la invitación para la cena. Carlitos me responde rápidamente.

Sí, hombre. Me encantaría. Me encanta la comida de tu mamá.

Llevo el plato al lavaplatos, agarro la bolsa de deporte y le doy otro beso a mi mamá antes de salir del apartamento.

—Suerte, hijo. Juega bien —me dice.

---

[7] sancocho de siete carnes: a meat and root vegetable stew from Latin American countries, especially those bordering the Caribbean Sea.

[8] tostones: twice-fried plantain slices.

Me pongo la bolsa de deporte sobre el hombro y camino hacia la estación del *subway*. Necesito llegar a Reiss Field en el Bronx para el partido. En el camino pienso mucho en Carlos y la amistad que tenemos. También pienso en aquel día que definitivamente cambió mi vida por completo. El día que conocí al oficial López, el exjugador de béisbol profesional.

Capítulo 2
Carlos

No entiendo por qué no puedo dormir. Anoche estuve trabajando en el parque hasta muy tarde — el mismo parque donde arrestaron a mi hermano hace cinco años haciendo trabajos para los Trinitarios—. Antonio llegó a ser muy importante en la organización, aunque no tan importante como Cruz, el jefe de la pandilla. Pero agarraron a Antonio, y le tocó a él cumplir la sentencia. Y ahora Cruz me está dando a mí más y más responsabilidad en la organización, hasta el punto de que ahora trabajo solo en ese parque. Cruz quiere que yo siga los pasos de mi hermano.

Debo dormir hasta mediodía por lo menos, pero no puedo, estoy preocupado. Y cuando estoy preocupado, no duermo, y cuando no duermo, pienso en mi mejor amigo, Mario, y cómo eran nuestras vidas.

Mario es más como un hermano, aunque no es hermano de sangre. Los dos somos amigos desde que vivíamos en los Apartamentos Washington y siempre estábamos juntos hasta el año que su familia se mudó a un apartamento en otro edificio. Fue allí donde su papá empezó a trabajar como conserje[9]. Eso fue seis meses después del día que los policías nos encontraron tirando piedras a las ventanas de la fábrica abandonada.

—¿Qué hacen ustedes? —preguntó el policía hispano aquel día.

Yo no esperé a contestar a la pregunta. Corrí tan rápido como pude adonde estaba mi hermano. Y yo, pues..., yo podía correr. Yo era el chico más rápido en la escuela. Todos decían que debería jugar a algún deporte... Pero mi mamá nunca me inscribió en ninguno, probablemente porque ella nunca estaba en casa.

Hace un rato le mandé un texto a Mario y la vibración del teléfono indica que tengo respuesta.

Sí. Juego a las diez en Reiss Field. Ven. Me gustaría verte. Mi mamá te invita a cenar con nosotros mañana. Ven. Mis padres quieren verte también.

La familia Sandoval es la mejor. Creo que los padres de Mario saben lo que hago en el parque para los Trinitarios, pero nunca me dicen nada. Todavía me cuidan. Me aman como hijo y yo los amo como padres.

---

[9] conserje: building superintendent.

Sí, hombre. Me encantaría. Me encanta la comida de tu mamá.

Me duermo pensando en la rica comida de la señora Sandoval. Me despierto otra vez cuando oigo la bocina de una camioneta con un conductor impaciente abajo en la calle. Miro mi teléfono como de costumbre:

9:14

Si quiero llegar a tiempo al partido, debo levantarme ahorita. Se tarda media hora en el *subway* para llegar al campo de béisbol.

*****

Sentado en el vagón, pienso otra vez en aquel día que cambió la vida de mi mejor amigo, y también la mía. Cuando llegaron los policías, yo corrí, pero Mario se quedó y habló con el oficial que nos preguntó qué hacíamos allí.

Al final, el otro oficial me capturó y me llevó primero a mi apartamento. Pero, claro, mi mamá no estaba en casa y por eso tuvimos que ir a la estación de policía.

—¿Dónde están tus padres? —me preguntó el oficial.

No quería decir nada, pero estaba tan bravo que abrí la boca y respondí con rabia.

—Mi mamá no está en casa y Dios sabe dónde está mi padre. No lo he visto por años —dije con los dientes apretados.

Aquel día tardaron ocho horas en contactar con mi mamá. Después, ella admitió que recibió los mensajes de los oficiales, pero estaba tan drogada que no pudo venir a recogerme. La historia de mi vida.

Dos días después, en la casa de los Sandoval, mientras Mario y yo jugábamos con las tarjetas de béisbol, los dos hablamos del problema que tuvimos hacía cuarenta y ocho horas. Después del problema, la señora Sandoval no permitió que Mario saliera más con Antonio y conmigo, pero me dio permiso para que fuera al apartamento cuando quisiera.

Recuerdo perfectamente la conversación entre Mario y yo.

—Y, Mario, ¿qué pasó contigo? Pasé muchas horas en la estación esperando a mi mamá. Me dieron soda y papitas y me hicieron muchas preguntas.
—El oficial López me llevó a la casa y habló con mis padres. Les dijo lo que hacíamos tú y yo, y mi padre

estuvo MUY enfadado conmigo por mucho tiempo —contó Mario.

—¡Ohhh! Solo vi a tu padre enojado una vez cuando aquel hombre tomó la cartera de la señora Reyes. Tuve miedo esa vez y no quiero verlo enojado otra vez —dije riéndome.

—Verdad. Mi padre me regañó por mucho tiempo —dijo Mario—. Pero luego mencionó que el oficial López le habló sobre el béisbol.

—¿Béisbol? ¿Para qué? —pregunté.

—Dijo que debería jugar —dijo Mario—. Dice que tengo «buen brazo».

—¿Jugar al béisbol? —pregunté asombrado—. ¿Como Robinson Canó y Rafael Soriano?

Cuando éramos niños nos interesaban mucho los jugadores dominicanos —aún más que los otros— porque como dominicano-americanos nosotros soñábamos con ser jugadores profesionales también; aunque en aquel entonces nunca habíamos jugado ninguna entrada oficial, ningún *inning* en nuestras vidas.

—Sí. Creo. Pues no sé. Mi papá dijo que tenía que pensarlo y hablar con mi mamá —contestó finalmente Mario.

*****

Mi vida era más simple en esos días, creo. No me preocupaba tanto como ahora.

El *subway* avanza con un clac, clac de las ruedas contra los rieles. Hace calor en el vagón y me duermo un rato antes de llegar a la parada de Fordham Road y la Tercera Avenida, donde va a ser el partido.

Capítulo 3
Elvin

—¿Qué te parece lo que dijo ese tipo? —pregunta Walter.

—Pues me gustaría asistir. Imagináte: dos semanas jugando al béisbol con entrenadores de las Grandes Ligas —le digo a mi mejor amigo.

Son las doce y media y todos los estudiantes de la Escuela San Marcos salen para ir a sus casas. Es la hora del almuerzo. Muchos van a sus casas y comen con sus familias. Pero no es así en mi casa. Voy a la casa de doña Irma, la vecina. Allí como con ella, mi hermana Alejandra y dos de los nietos de Irma. Los padres de los nietos trabajan con mis padres.

Walter me habla una vez más.

—¿Vas a jugar esta tarde? —me pregunta.
—Sí —le digo—. Te veo a las dos y media.
—Está bien. Nos vemos.

En la esquina de la calle Cementerio, donde está La Casona, doblo a la izquierda para caminar hacia mi vecindario. Vivo en un vecindario en San Marcos, en la ruta 20 Norte rumbo a[10] San Carlos y Los Campos.

---

[10] rumbo a: on the way to.

San Marcos es uno de los «pueblos blancos» de Nicaragua. Se llaman así porque la mayoría de las casas están pintadas de blanco. Antes las pintaban con cal, pero ahora usan pintura blanca de la pinturería.

—Buenas tardes, Elvin —me pregunta mi vecino en la calle.
—Buenas tardes, señor Ochoa.
—¿Van a jugar esta tarde? —me pregunta el señor Ochoa.
—Sí. Vamos a jugar, como siempre. ¿Vamos a ver a Sebastián también? —le pregunto.
—Creo que sí. Me dijo que iba a ir.
—Bien. Que pase buena tarde, señor Ochoa —le digo.

Sebastián es otro muchacho del vecindario y un amigo también. Asiste a una escuela técnica y no lo veo durante el horario de clases pero, como a todos los muchachos de Nicaragua, le encanta el béisbol y, después de la escuela, juega cada rato que puede.

Sigo a mi casa para cambiarme el uniforme escolar antes de comer. Los pantalones azules y la camisa blanca están llenos de polvo después de la hora de recreo y refacción. En el recreo nosotros jugamos con una pelota, entrenamos como si fuéramos jugadores profesionales como Evereth Cabrera o Erasmo Ramírez. Cada mañana a las diez y media sudamos mucho bajo el fuerte sol de nuestro país, y claro, nos ensuciamos.

Pero ¡qué oportunidades llegan a este pueblo! Ese tipo, no me acuerdo bien de su nombre, Alvarado o Álvarez, algo así, dijo que la próxima semana iba a haber un campamento para los jóvenes de 10 a 14 años para entrenarnos formalmente. Oh, ¡y lo más importante!: es gratis.

Pienso en cuándo voy a poder mostrarle el formulario a mi mamá cuando llegue de su trabajo más tarde. Mis padres trabajan duro en la zona franca[11]; trabajan doce horas al día cosiendo ropa para exportarla a los Estados Unidos. No hay otros trabajos en la región y mis padres están agradecidos de tener ese trabajo.

Pues no quiero enojar a mi mamá cuando llegue a la casa esta noche; mejor voy a esperar a preguntarle sobre el campamento.

Llego a la casa de doña Irma. En la puerta hay mucha gente. No es normal. Parece que todos los vecinos

---

[11] zona franca: free economic zones in various countries where companies are taxed very lightly or not at all to encourage economic activity.

están allí con mi hermana Alejandra, y JuanPa[12] y Francisco, los nietos de doña Irma. Cuando mi hermana me ve, corre para que yo la levante.

—Hola, Alejandra. ¿Qué tenés? —le pregunto. Veo en su cara que ha estado llorando.

No me responde, entonces miro a doña Luisa, otra vecina, para que me dé una explicación.

—Doña Irma falleció. Tuvo un infarto, parece —me explica—. ¿Podés llevar a Alejandra a la casa?
—Sí. Claro —le digo.

Tomo a mi hermana de la mano y caminamos por la calle de tierra las seis casas hasta llegar a la nuestra.

—¿Comiste? —le pregunto. Alejandra niega con la cabeza.

Entramos en la casa y voy directo a la cocina para buscar qué hay para almorzar.

*****

Por la tarde, llevo a Alejandra al campo donde jugamos al béisbol.

---

[12] JuanPa: Juan Pablo.

—Vamos, Ale —le digo.

Después de comer ella se siente mejor y empieza con las preguntas: «¿Adónde vamos?», «¿Por qué?», «¿Puedo llevar mi muñeca?». La muñeca que tiene es vieja, fea y medio rota, pero sé que es importante para mi hermana.

Entonces, después de comer arroz y frijoles, nosotros tres, Alejandra, la muñeca Clara y yo, vamos adonde juego con mis amigos.

Veo primero a Walter.

—Oye, mano. ¿Por qué llegás tarde? —me pregunta.
—Lo siento. Hubo un problema en la casa. Doña Irma murió y tuve que cuidar a Alejandra —le digo.
—Ay. Es horrible —me dice Walter saludando con la mano a mi hermana, que está sentada un poco lejos—. Esa mujer cuida, er..., cuidaba a tu hermana, ¿no? —me pregunta.
—Sí.
—¿Vas a poder ir al campamento? —me pregunta Walter.
—No sé —le digo.
—Pues jugamos ahora. Necesitamos un pícher.
—Está bien. Vamos.

Mis amigos y yo jugamos por una hora. Alejandra se porta muy bien y juega con su muñeca por mucho tiempo. Solo me molesta al final para decirme que tiene sed.

—Elvin, quiero agua.
—Está bien, Alejandra. Vamos a casa.

El sol de la tarde todavía calienta mucho. Estoy feliz de haber jugado un poco, pero no puedo dejar de pensar en el problema. No sé quién va a cuidar a Alejandra. Y si no se encuentra a nadie, voy a tener que hacerlo yo. Y si es así, no habrá ningún campamento para mí.

La vida ya estaba un poco complicada para mi familia. Ahora parece que está aún más complicada.

Capítulo 4
Mario

—Da un paso más largo para que la pelota llegue a *home* más rápido —me dice Nelson, mi entrenador informal.

Lo veo detrás de la cerca al lado de primera base. Como soy pícher derecho, puedo ver a Nelson muy fácilmente después de recibir la pelota del cácher.

—Eso es —dice Nelson—. Ese fue un lanzamiento perfecto. Hazlo durante el partido, ¿OK?

Nelson me dice esto sonriendo. Siempre sonríe. Es un hombre feliz. Es difícil entender cómo puede ser tan feliz después de la lesión que cortó su carrera en el béisbol. Iba a pasar de AA a las Grandes Ligas cuando sufrió una lesión grave en un partido de los Clippers de Columbus, un equipo de la liga menor AAA de los Yankees, contra los Mud Hens de Toledo. Su carrera terminó en un instante.

—Pero Nelson, no me siento cómodo con el paso más largo —protesto.
—Claro que no, Mario. Es algo nuevo. Tienes que seguir cambiando para crecer, ¿no?

Ahora me toca a mí sonreír. Nelson siempre me dice que es necesario cambiar. Es como un dicho entre nosotros. Es buen amigo y buen mentor.

Nelson es el oficial López, el policía que me encontró tirando piedras hace ocho años y que introdujo el béisbol organizado en mi vida. Viene a verme jugar cuando no trabaja. Y me da buenos consejos; no solo para mi juego de béisbol, sino para la vida también. Es una persona muy importante en mi vida.

Veo de reojo[13] a Carlos, que está cerca de tercera base. Estoy feliz de que haya venido hoy; no solo porque me ve jugar, sino por el hecho de que está aquí y no en el vecindario cometiendo crímenes o tomando malas decisiones. Cuando Carlos me ve mirándolo, me saluda con una inclinación de cabeza casi imperceptible.

Sigo con el calentamiento. Lanzo la pelota a media velocidad a Rodrigo, el cácher, unas cuantas veces más. Es entonces cuando la veo. Ella es otra persona importante en mi vida: Jordan. Somos amigos desde segundo grado, pero ahora la amistad... pues, como mucho en mi vida, está cambiando. Me mira y me

---

[13] veo de reojo: I look out of the corner of my eye.

sonríe y yo hago lo mismo. Jordan es, a la vez, bonita y superinteligente.

Entramos en la caseta[14] antes de empezar el partido. Toda «mi gente» está aquí (mi mamá no puede venir y mi papá viene más tarde) y me siento bien relajado. Quiero jugar bien hoy.

—Eh, Mario. ¿Es tu novia la que está en las gradas[15]? Es bonita —me dice Rodrigo—. Me gustaría conocerla.
—En sueños, Rodri. No te la voy a presentar —le digo riéndome. Rodrigo es buen jugador de béisbol y es un mujeriego[16], un donjuán, con todas las chicas también—. Es mejor que Jordan no te conozca. ¡Ja, ja!

De repente oímos un ruido agudo por el equipo de sonido.

—¡Ay!
—¿Qué es? ¿Alguien va a presentar el partido hoy? No es normal. ¿Para qué? No hay nadie aquí —dice Rodrigo.

---

[14] caseta: dugout.
[15] gradas: bleachers.
[16] mujeriego: womanizer; «player».

Es verdad que no hay muchas personas en las gradas, pero hay algunas.

El hombre con el micrófono habla por fin.

Es hora de empezar. Sube al montículo de pícher[17] Mario Sandoval... Es... er...

El hombre para de hablar. Es evidente que no sabe qué decir. Va a ser una tarde muy larga si continúa así.

Me alisto para lanzar. El primer lanzamiento es perfecto... para el bateador. ¡Caray! El bateador golpea la pelota al jardín y corre a tercera base.

Ahora con un jugador en tercera base, el segundo bateador se prepara. Lanzo la pelota... y es una pelota pasada. El jugador se prepara otra vez, lanzo otra vez y... es otra pelota pasada. ¿Qué me pasa? El próximo lanzamiento es perfecto y el jugador lo batea fuera del estadio. Jonrón.

¡Ay Dios! Miro a Nelson para que me dé un consejo.

—Con calma y con más intención. No te preocupes —me dice.

---

[17] montículo de pícher: pitcher's mound.

*****

Afortunadamente, después de unos lanzamientos, encuentro un ritmo y al final ganamos.

Al final del partido agarro mi equipo de deporte y me acerco al área de tercera base, donde están mi padre y Carlos. Jordan ya se fue; me dijo antes que tenía que trabajar.

—Hola, hombre —le digo a Carlos saludándolo con un apretón de manos[18] que nos inventamos en tercer grado—. Gracias por venir hoy. Me alegro de que te hayas quedado para ver todo el partido.
—Jugaste muy bien, hombre —me dice Carlos sonriendo—. Eres muy talentoso. No iba a quedarme, pero vi a tu *pops*[19] y empezamos a hablar.
—Carlos viene a cenar con nosotros mañana. ¿Sabías? —interrumpe mi padre. Mi pobre padre. Es el último en enterarse de lo que pasa en casa.
—Sí, papá. Mamá lo invitó —le digo.
—¿Cómo es que nunca sé lo que está pasando en mi propia casa? —lamenta mi papá medio serio.
—Pues me tengo que ir —dice Carlos. —Nos vemos más tarde, ¿eh, Mario?

---

[18] apretón de manos: handshake.
[19] pops: nickname for «dad»

—Sí. Por la tarde —le digo—. Hasta luego.

—Hasta luego. Y, señor Sandoval, gusto verlo. Nos vemos mañana, ahora que usted sabe que voy a cenar con ustedes —dice Carlos dándole una palmada en el hombro a mi papá.

—Ay, Carlos. Cuídate, ¿eh? Nos vemos —dice mi papá.

Carlos camina hacia la estación del *subway*. No sé qué planes tiene para el día, pero probablemente es mejor no saberlo.

—¿Cómo está Carlos de verdad? —me dice mi papá.

La respuesta es bastante complicada, pero no quiero que mis padres se preocupen.

—Parece que está bien. Tú y mi mamá pueden preguntarle mañana.

Agarro mi bolsa de deporte y camino con mi padre a la estación del *subway*.

Capítulo 5
Carlos

Mi teléfono no para de sonar en todo el día. Tengo mucho negocio por la tarde. Cruz me da mucho trabajo porque sabe que soy responsable y de confianza. Además, estoy más pendiente y tengo más sentido común que mi hermano. Cuando Cruz me da mucho producto, está tranquilo porque sabe que la policía no me va a pillar[20]. Podría decir que soy bueno en mi trabajo, porque gano mucho dinero y ahora vivo mejor que antes —especialmente porque mi mamá no puede trabajar a causa de sus problemas con las drogas—, pero la verdad es que no me gusta lo que hago. Una parte de mí prefiere asistir al colegio y...

—Oye, Carlos. ¿Pasa algo?

Estoy en la entrada de la residencia donde vivo. Es una residencia pública de la ciudad. Es un edificio de 15 pisos donde viven muchas familias, porque es económico, pero es un edificio feo y está en mal estado. Muchos residentes tratan de cuidar el lugar, pero es difícil.

---

[20] pillar: to catch.

—Hola, Santi. ¿Qué pasa? —le digo extendiendo la mano al estilo de los Trinitarios—. No, no pasa nada. ¿Por qué me preguntas?
—Te pregunté tres veces sobre el negocio de hoy y de esta noche y no me respondes —dice Santi.
—Ay, lo siento. Pensaba en otra cosa. Todo está bien hoy, estoy listo para esta noche —le digo—. Voy a reunirme con Cruz en un par de horas.

Además de Santi, en la entrada de la residencia están también los demás; ellos no se levantan hasta las dos o las tres de la tarde y ya son las cuatro. Mientras hablo con ellos, pienso en el partido de Mario que vi esta mañana. ¡Qué jugador tan talentoso!

«Hablando del rey de Roma»[21], pienso yo, ahora llega Mario. Ya se cambió el uniforme y se bañó. Luce genial y relajado.

—Hola, Carlos. Hombres —les dice Mario a los otros trinitarios. Mario no es parte de la pandilla, y no quiere serlo. Todos saben que Mario tiene talento para el béisbol y lo respetan por eso—. Gracias por venir al partido esta mañana.
—Ah, ¿jugaste esta mañana? —pregunta Santi.

---

[21] hablando del rey de Roma: speak of the devil.

—Sí, en Reiss Field. Y jugó muy bien. Solo dio dos *hits*. Ganaron —les explico—. Mi amigo va a llegar a las Grandes Ligas, ¿verdad?
—No digas eso, Carlos. Tengo mucho que aprender antes de estar a ese nivel —responde Mario.
—¿Cuáles son tus planes para este verano? —le pregunto.

A mí me encanta hablar con Mario sobre el béisbol y su carrera. Recuerdo todas las conversaciones que teníamos en el apartamento de los Sandoval cuando todavía vivía en los Apartamentos Washington. Éramos pequeños entonces y las conversaciones eran casi iguales todo el tiempo.

Yo: Cuando seamos mayores vamos a jugar para los Yankees como Rafael Soriano.
Mario: Sí. Vamos a ponernos el uniforme de rayas con azul y blanco y entraremos en el estadio…
Yo: …el famoso estadio de los Yankees de Nueva York. Vamos a jugar todas las noches del verano…
Mario: Y después de los partidos, vamos a dar entrevistas en la televisión…
Yo: ¡En inglés y en español!

Siempre teníamos las mismas conversaciones. Eran tan iguales que las memorizamos. Y no importaba que no viéramos los partidos de los Yankees ni que no fuéramos al estadio.

Mario empieza a explicar sus planes sobre el béisbol para el verano cuando vemos a Jordan, su novia. Jordan vive en los Apartamentos Washington también.

—Hola. Hola, Mario —le dice dándole un beso—. Hola, Carlos. Santi.

Saluda a los otros con una sonrisa, pero no les dice nada. Jordan no quiere conocerlos. Como Mario, Jordan tiene planes para su vida y no quiere problemas.

—¿De dónde vienes tan vestidita? —le pregunto.
—Estaba en la escuela. Hubo reunión de Key Club —responde Jordan.
—Es presidenta —dice Mario obviamente orgulloso de su novia.
—¡Qué sofisticada! —le digo riéndome para burlarme de Jordan y sus actividades, aunque en realidad me gustaría ser parte de ellas.
—Ay, Carlos, cállate. Es buen club. Ayudamos a otras personas —dice Jordan.
—¿Sí? ¿Cómo? —le pregunto.
—Pues ahora organizamos una venta de pulseras para apoyar a las personas que las hacen en

Nicaragua —Jordan saca de su mochila una pulsera que tiene los colores azul, blanco y rojo—. La compré para ti, Mario. Me gustó por los colores de la bandera dominicana —explica Jordan.

—Solo falta el color verde lima y la podemos usar —dice uno de los muchachos refiriéndose a los colores azul, blanco, rojo y verde lima de nuestra bandera de los Trinitarios.

—No traje la pulsera para ustedes —responde Jordan inmediatamente algo enfadada. Se la da a Mario. En la pulsera hay una etiqueta. Tiene una foto y un nombre.

—¿Quién es la mujer de la foto? —le pregunta Mario a Jordan.

—Es la artesana. La persona que tejió la pulsera. Se llama Marisol. Es de San Marcos, Nicaragua.

—Entonces, ¿ustedes van a vender esas pulseritas para apoyar a las personas en Nicaragua? —dice uno de los trinitarios y continúa—: ¿Porque las personas no tienen mucho dinero? ¿No has visto dónde vives? La gente aquí necesita apoyo también. No hay trabajo aquí y las personas también sufren aquí en el Bronx, pero ustedes venden pulseras para los nicaragüenses... Y ¿cuánto cuestan? —pregunta el tipo medio enojado.

—5 dólares —dice Jordan.

—¿5 dólares? ¿Quiénes van a comprar las pulseras? Aquí no hay nadie que tenga dinero extra para ninguna pulsera —dice el muchacho.

Tiene razón. Todos entendemos por qué está enojado, pero no es culpa de Jordan.

—Ya, Demonio. Basta. Es una actividad para la escuela de Jordan. Cállate, ¿eh? —le digo—. Jordan, está muy bien que tu club ayude a otros. ¿Por qué escogiste ese programa?

Jordan es estudiante de una escuela prestigiosa, Bronx River Country School. La escuela está a menos de tres millas de donde vivimos; pero está en otro mundo..., es otro mundo. La escuela es privada y es muy costosa. Los estudiantes que asisten allí quizás tengan buenas intenciones, pero la verdad es que no conocen y no saben de la realidad de nuestra parte del Bronx.

—Los valores del programa son la humildad, la solidaridad y una nueva forma de entender el concepto de pobreza —dice Jordan nerviosa tratando de explicar sus metas para el club, aunque sea a un grupo que no entiende, pero por razones completamente diferentes. Después de explicar un poco el programa, se calma y continúa—: Sé exactamente dónde vivo y los problemas de aquí

—dice Jordan—. Pero la verdad es que muchos de mis compañeros de clase no tienen idea ni sobre la pobreza ni sobre los demás problemas. Entonces, cuando me presentaron este programa, leí sobre el proyecto y pensé que era una oportunidad para enseñarles la realidad.
—Sabemos exactamente qué es la pobreza —dice Demonio.
—Pues gracias por la pulsera, Jordan —dice Mario mientras le echa una mirada fea a Demonio—. Me la pongo ahora. Te llamo más tarde.
—Está bien. Adiós, Mario. Carlos —me dice Jordan —nos vemos.
—Adiós, Jordan. Gusto verte —le digo.

Mario le da un beso a Jordan. Jordan no se despide de los otros muchachos.

—Jordan ha cambiado mucho al pasar tanto tiempo con los ricos —dice Santi—. Ojalá que sepa que todavía es una de las nuestras.

Veo la cara de Mario y cómo empieza a enojarse. Entonces, cambio la conversación a un tema neutral, pero no menos molesto: el récord de los Yankees.

—¿Cuántos partidos por delante están los Yankees? —pregunto al grupo.

La conversación cambia inmediatamente y todos hablan a la vez. El enfado desaparece tan rápido como llegó.

Así es la vida en el vecindario de los Apartamentos Washington.

Capítulo 6
Elvin

Mi mamá ya sabe lo de doña Irma cuando llega a casa. Mi mamá está cansada y está enojada también, pero, sobre todo, está triste. Además de ser la niñera de mi hermana, doña Irma era también una buena amiga de mi mamá.

La tristeza de mi mamá es algo nuevo. Siempre está de buen humor. Es muy simpática mi mamá, positiva y divertida. La amo mucho.

*****

—Buenos días, mamá. ¿Cómo amaneciste? —le pregunto a mi mamá al entrar en la cocina al día siguiente de la muerte de doña Irma.
—Buenos días, hijo. Estoy cansada. Sabés que tenés que cuidar a tu hermanita, ¿no? Ni tu papá ni yo podemos perder el trabajo. ¿Entendés?
—¿Y la escuela? —le pregunto.
—No vas a poder asistir por un tiempo hasta que encontremos una solución.

Mi mamá me mira con una mirada triste y yo no sé qué decirle. Quiero decirle que tengo que asistir a la escuela, pero, sobre todo, quiero decirle que no puedo cuidar a Alejandra porque tengo que ir al campamento de béisbol. Pero sé que la vida no es así y no puedo tener lo que quiero simplemente porque lo quiero.

—Claro, mamá. Voy a cuidar a mi hermana. No te preocupés —le digo.
—Gracias, hijo. Voy a hablar con unas vecinas para buscar a alguien que puede cuidar a Alejandra. Y Elvin, yo sé que querés asistir a ese campamento. Voy a tratar de arreglar este problema lo más pronto posible para que podás asistir. ¿De acuerdo?

Mi mamá tiene una media sonrisa en la cara cuando me habla. ¿Cómo sabe del campamento? Supe del programa ayer mismo y no mencioné nada... Mi mamá sabe todo. Siempre.

—Sí, mamá.
—Elvin, hoy ¿podés ir al mercado para comprar una libra de arroz y una libra de frijoles? Aquí tenés 40 córdobas. Podés usar el cambio para comprar unos helados para vos y para tu hermana. Ahora necesito irme a la parada del autobús para llegar al trabajo a tiempo. Gracias por tu ayuda, hijo.

*****

A media mañana, después de comprar el arroz y los frijoles, Alejandra y yo regresamos por el camino que pasa por el campo de béisbol donde mis amigos y yo jugamos y donde va a ser el campamento. Estoy triste pensando en la oportunidad perdida de ir al campamento. Tomo unas piedras y las tiro desde la calle hasta donde está *home* en el campo. Tiro cinco o seis piedras y entonces oigo la voz de un hombre.

—Oye, joven. ¿Qué hacés? —No digo nada porque no sé si este hombre me va a causar problemas. Mientras pienso cómo contestar, él me habla otra vez—: Tengo dos preguntas para vos —dice el hombre—. Una: ¿Por qué no estás en la escuela? Y dos: ¿Vas a asistir al campamento que empieza el lunes? Tenés un brazo excelente. Y bastante buena forma también. Pero podemos mejorar eso…

Todavía no sé cómo contestar a este hombre, pero parece sincero y al final le digo la verdad.

—No asisto a la escuela porque la señora que cuidaba a mi hermanita murió y no hay nadie para cuidarla. Por eso tampoco voy a poder asistir al campamento, aunque me encantaría.
—Lo siento. Vení al campamento el lunes. Traé a tu hermana. Mi hija va a estar también y ellas pueden jugar mientras jugamos al béisbol, ¿qué te parece? —me dice.

—Sí, señor. Muchas gracias —contesto inmediatamente. Estoy muy emocionado. MUY emocionado—. Soy Elvin. Elvin Morán —le digo dándole la mano.

—Mucho gusto, Elvin. Soy Josué Pérez. Trabajo para CEMEX Youth Baseball Academy, con el programa de béisbol que patrocinamos[22] para jóvenes. Organizo estos campamentos por todo el país.

—¿En todo el país? ¿Y todos son gratis? —le pregunto sin pensar.

—Sí. Pero todos los participantes deben tener buenas notas. ¿Las tenés? —me pregunta el señor Pérez.

—Sí, señor. Soy buen estudiante. Me gusta la escuela —le digo.

—Excelente. Traéme una copia de las notas el lunes. Y vení preparado. Vas a jugar mucho béisbol, ¿OK? —me dice con una sonrisa enorme.

—Sí, señor Pérez. Muchas gracias. ¡Hasta lunes!

Estoy tan feliz que casi me olvido de mi hermana. Pero lo bueno es que está cerca jugando en el lodo. Voy a tener que bañarla y lavar la ropa cuando regresamos, pero no me importa. ¡Voy a poder jugar al béisbol!

---

[22] patrocinamos: we sponsor.

—Vamos, Alejandra —le digo a mi hermana—. Vamos a casa. Y después de preparar el gallo pinto[23] vamos a jugar al juego que quieras.
—¿Y si quiero que juegues a las muñecas conmigo? —pregunta mi hermana, que sabe que a mí no me gusta jugar a las muñecas con ella.

—Sí, Ale. Vamos a jugar con tus muñecas —le digo.

Feliz. Estoy sumamente feliz.

---

[23] gallo pinto: red beans and rice.

Capítulo 7
Mario

Son las siete de la tarde y estamos en Manhattan a la mitad de un partido contra el equipo RBI[24] de Long Island. Es un partido importante de la temporada: el ganador podrá jugar en el World Series de nuestra liga. Los dos equipos somos buenos, pero creo que nosotros somos mejores.

Normalmente no tengo tiempo para mirar nada cuando estoy en el montículo del pícher, pero esta noche, mientras espero a Rodrigo, el cácher, veo que el cielo está impresionante. El sol cae mucho más temprano —más temprano que en junio, que cae a las ocho y media— y esta noche tenemos un *show* doble: en el partido y en el cielo. Detrás de las siluetas de los edificios de Manhattan se puede ver los colores azul, morado, anaranjado y un poco de amarillo. Es increíble.

Pero acaba el tiempo para apreciar la belleza del atardecer. Es hora de seguir jugando. Estamos en la primera parte de la sexta entrada y ganamos 5 a 2. Tenemos suerte, porque vamos a tener la última oportunidad para batear y para marcar más

---

[24] RBI: Reviving Baseball in Inner Cities.

carreras. Tengo que concentrarme. Tenemos que ganar. Necesitamos la victoria.

—Oye, Mario. Lo siento. Estoy listo. Tuve que mear.
—Ya, ya, Rodri. Juguemos —le digo.

Tengo la pelota y la lanzo un par de veces para calentar el brazo. Antes del tercer lanzamiento veo a mi papá hablando con Nelson. Hablan por mucho tiempo, creo que desde que mi papá llegó al partido. Mi papá normalmente no habla con nadie cuando juego, solo habla con Nelson.

«¿De qué hablan?», me pregunto.

Lanzo dos o tres veces más y el primer bateador llega a *home* para enfrentarse conmigo. Estoy listo. Pero no estoy listo para el comentarista que comenta el juego. Habla demasiado. ¿Qué se cree, que es comentarista solo para los Yankees?

Llega a home *el primer bateador, Justin Jordan. Él batea la pelota directamente al jardinero central, quien la atrapa. Es un fuera, la primera de la entrada. El próximo bateador, Marquis White, llega a* home *para enfrentarse con el pícher, Mario Sandoval. El lanzamiento viene y es una pelota. El segundo lanzamiento es también fuera de la zona de una pelota pasada[25] y ahora la cuenta está 2, 0: dos pelotas y ninguna pelota pasada. El pícher se prepara, lanza la pelota y... el bateador la golpea por la línea de juego de primera base[26]. El jugador de primera base la atrapa, toca la base y el bateador está fuera. Ahora los Sharks tienen dos fueras aquí en la sexta entrada del partido esta noche.*

El próximo bateador va a home *y se enfoca en la pelota que va directamente a través de la base. Pero el bateador no está bien preparado, trata de batear la pelota pero falla. Una pelota pasada. El segundo lanzamiento es también perfecto en la zona de la pelota pasada, pero otra vez el bateador falla. La cuenta está 0, 2: cero pelotas y dos pelotas pasadas. El tercer lanzamiento es tan perfecto como los dos primeros, el bateador batea y falla otra vez. Es la tercera pelota fuera de la entrada. Ahora vamos a la segunda parte de la entrada con el marcador del partido 5 a 2 a favor del equipo del Bronx.*

Cuando finalmente encuentro un buen ritmo, puedo ignorar la voz horrible del comentarista. Y cuando lanzo bien, lanzo muy bien. Vamos a ganar este partido.

---

[25] la zona de una pelota pasada: strike zone.
[26] la línea de juego de primera base: first base line.

*****

No llego a la casa hasta las ocho y media. Todavía hay un poco de claridad. Es una noche fresca; fresca para una noche de agosto, de todos modos. De camino a mi apartamento paso por los Apartamentos Washington donde vive Carlos y veo a los tipos de los Trinitarios. Me saludan y me preguntan por el partido.

—Mario, ¿qué tal el juego? Carlos nos dijo que jugabas esta tarde.
—Hola. Fue muy bien. Ganamos. Gracias.
—Que bien, hombre. Felicitaciones —me dice Demonio.
—Pues me tengo que ir. Me estoy muriendo de hambre. Adiós, muchachos.

Camino un poco más hasta mi edificio y entro en el apartamento. Encuentro a mis padres y a Carlos a la mesa esperándome. Están charlando.

—Hola. ¿Me guardaron comida? —les pregunto bromeando—. Sé exactamente que a Carlos le encanta comer.
—No te preocupes, hombre —dice Carlos—, no hemos empezado todavía.

Mi mamá va a la cocina para traer toda la comida: pollo guisado[27], sancocho con arroz blanco y aguacate. Se nota que tengo hambre después de jugar el partido, pero a Carlos... se le nota en la cara que no ha comido bien en un par de días.

—Oh, señora Sandoval. Esta comida está de-li-CIO-sa. Gracias —dice Carlos casi aspirando la comida del plato. Pide más a los pocos minutos.
—Me alegro de que te guste, Carlos. ¿Cómo está todo en tu casa?

Carlos para de comer. No le gusta hablar de su casa ni de su familia.

—Todo bien, señora.

Mi mamá ama a Carlos como si fuera su hijo, y una madre es una madre y es preguntona, así que continúa con las preguntas.

—Carlos, te veo mucho con los muchachos de la pandilla. No te estarás metiendo en problemas, ¿verdad?

Carlos quiere enojarse, pero él también ama y respeta a mi mamá —a mis padres— y no dice nada.

---

[27] pollo guisado: braised chicken.

—Algunos son amigos, señora Sandoval, pero no, no tengo problemas.

—Carlos —dice mi mamá—, siempre, pero siempre, eres bienvenido a esta casa. Tienes tu lugar aquí. Te amamos.

—Gracias, señora. Muy amable usted. Pues gracias por la comida, pero tengo una cita ahora y tengo que irme.

—¿Cita? ¿Ahora? ¿Dónde y con quién? —dice mi padre ahora.

—No se preocupe, señor. Tengo una cita en el parque con un amigo. Me ayuda con un asunto —dice Carlos.

—Carlos. Cuídate —dice mi papá—. Visítanos cuando quieras.

—Por supuesto. Gracias otra vez por invitarme a cenar con ustedes. Mario, felicitaciones por el partido de hoy. ¿Nos vemos mañana?

—Sí, hombre. Te veo por la tarde.

Carlos le da a mi mamá un beso, le da un abrazo a mi papá y me da la mano —con nuestro apretón que inventamos hace nueve años—.

—Chao, familia. Gracias.

Carlos se va y mi papá se levanta para salir de la cocina, pero antes le hago una pregunta.

—Papá, ¿por qué hablaste tanto con Nelson hoy? Los vi hablando mucho en el partido.

—Oh, me habló de un campamento de béisbol en Nicaragua. Tiene un amigo de las Grandes Ligas que lo organiza. Te hablo sobre eso luego. Ahora tengo que hacer una llamada.

Mi padre sale de la cocina con el teléfono en la mano. Va a la sala y le puedo escuchar hablando por teléfono.

—Hola, ¿Nelson? ... Sí, tengo información.

No oigo más porque mi mamá empieza hablar conmigo, pero no la escucho. ¿Mi papá llama a Nelson? ¿Por qué? ¿Qué información? ¿Qué pasa?

Capítulo 8
Carlos

Después de salir de la casa de los Sandoval, solo tengo un momento para pasar por mi apartamento a recoger mi producto. Abro la puerta y veo a mi madre en el sofá, que es el único mueble en la sala aparte del televisor porque mi madre vendió todo lo demás para comprar más drogas. Ella está dormida o drogada, no está consciente, y no me oye inmediatamente cuando entro.

Recojo lo que necesito y estoy listo para salir cuando mi madre me habla.

—Oye, Carlos, ¿adónde vas?
—Voy al parque, mamá. Ahorita vengo —le digo, aunque no quiero contestarle.
—Pues, hijo, tráeme algo... —me dice, pero vuelve a quedarse inconsciente otra vez. Ahora ya sé que está drogada y no dormida. Y en ese momento, me escapo.

Camino hacia el parque y a la vez mando unos mensajes de texto al cliente que me va a comprar. La noche está fresca. En mis bolsillos solo tengo para este cliente y un poco más. Después de la transacción voy a pasar la noche con mis amigos de los Trinitarios.

Me siento en una banca y espero hasta que llegue ese tipo. Es cliente habitual y, aunque sé su nombre, no voy a mencionarlo aquí para proteger su identidad. En ese momento veo que el tipo se acerca hacia mí.

—Hombre —me dice—, ¿cómo va?
—Bien, bien. ¿Y tu carro? —le pregunto.
—Un amigo lo está usando. ¿Lo tienes? —me pregunta.
—Claro. Aquí.

El tipo me da el dinero y lo pongo en mi bolsillo ya casi vacío.

—Nos vemos, ¿eh?
—Sí, nos vemos.

Con la misión cumplida quiero ir a encontrarme con los muchachos, pero no tengo chance porque otro hombre aparece en la calle.

—Oye, tienes una bolsa de diez —me pregunta.

Normalmente no tengo, pero esta noche tengo. Y normalmente no vendo a cualquiera en el parque, pero pienso «Si le vendo lo que tengo, tendré más dinero en mi bolsillo».

—Tienes suerte —le digo—. Es lo que me sobra.

—¿Cuánto es? —me pregunta.

Le digo el precio y me da el dinero. Y en ese instante, el mundo se me viene encima[28].

Seis policías se nos acercan. El policía que veo primero es López.

—Carlos, no te muevas y no digas nada —me dice López mientras me pone las esposas—. Vamos a llevarte a la estación. Estás arrestado por la venta de drogas a un policía encubierto. Tienes derecho a guardar silencio. Cualquier cosa que digas puede ser usada en tu contra en un tribunal de justicia. Tienes derecho a un abogado. Si no puedes pagar un abogado, el tribunal te asignará uno.

¡Caray! ¿Qué hago? ¿Cómo sabía López que iba a estar aquí? Normalmente los policías no están en este parque...

No puedo hacer nada. Sí, la policía me ha arrestado vendiendo drogas, pero es una cantidad pequeña. Sí, estoy enojado. No voy a poder pasar tiempo con mis muchachos y voy a tener que esperar para ir a la corte mañana. ¿A quién voy a llamar para pagar la fianza[29]? Va a ser una noche muy larga.

---

[28] se me viene encima: comes crumbling down.
[29] fianza: bail.

*****

Estoy en la celda con treinta o más hombres, hombres que apestan[30] a olores absolutamente horribles. Estamos esperando para ir a la corte. Con tan poco producto, la corte me va a poner una fianza baja.

Al día siguiente en la corte, me llaman al estrado[31].

—Caso de Carlos Andrés Rendón.

La jueza habla mucho y está muy seria. Me juzga como adulto y me pone una fianza muy alta; una que no puedo pagar ni puedo pedir ni a Cruz para que me la pague. ¿Por qué es tan alta? Es un crimen mínimo, ¿por qué me fastidian con una fianza enorme?

No sé qué decir. No sé qué hacer.

Al salir de la corte para regresar a la cárcel, veo a López. Me mira, pero no me dice nada. Tiene que ser culpa suya, pero ¿por qué? ¿Por qué me fastidia? Sabe que necesito vender droga para vivir...

---

[30] apestan: they stink.
[31] estrado: podium.

Quiero gritar. Quiero echarle la culpa a todo el mundo. Quiero pegar a alguien. Quiero destruir algo. Estoy tan, pero TAN enojado.

Pero no hago nada, porque sé que solo me va a causar más problemas.

Capítulo 9
Elvin

—Elvin, hay que mirar exactamente donde querés que vaya la pelota —dice el entrenador Pérez—. Así es. Exacto.

Los últimos tres días han sido increíbles, al menos por las tardes. No he podido regresar a la escuela todavía. Por las tardes, llego al campamento con Alejandra y la dejo que juegue con su nueva amiga, Elisa, la hija del señor Pérez. Y mientras ellas juegan con muñecas, los otros chicos y yo jugamos al béisbol. Aprendo mucho sobre el juego y más sobre la posición del pícher. El señor Pérez dijo que tengo buen brazo para ser pícher y parece que tiene razón.

—OK, muchachos. Terminamos de jugar por hoy —dice uno de los entrenadores.
—Pero nos faltan cuarenta y cinco minutos de práctica —dice un muchacho.
—Ah, sí. Tenés razón, Jacinto. Pero ¿recuerdan ustedes que mencionamos otra parte de este campamento? ¿La parte donde aprendemos algo además del béisbol? Es lo que vamos a empezar hoy —nos dice.
—Sí, jóvenes. Hoy vamos a hablar sobre higiene —dice otro entrenador ahora.

Todos se ríen. No hay nadie, absolutamente NADIE, que quiere hablar sobre higiene. Nos ponemos nerviosos porque hablar de higiene requiere que hablemos de cosas personales.

—Ay, no quiero hablar de eso —dice un chico.
—Pues necesitás hablar de algo porque vos tenés un olor horrible —dice una chica después.

Ahora todos se ríen aún más. Los entrenadores se sonríen, pero no dicen nada todavía.

—¿Cuántos de ustedes se lavan las manos antes de comer? —dice por fin un entrenador.

Solo la mitad del grupo levanta la mano.

—¿Y cuántos se lavan las manos después de ir al baño?

Otra vez, la mitad de las personas levanta la mano, pero no se sabe si es la misma mitad o no.

—OK —dice el señor Pérez—. Antes de hablar sobre higiene personal que es más, este[32], personal, vamos a hablar sobre la necesidad de lavarse las manos y mantener limpio el entorno[33].

---

[32] este: um.
[33] entorno: surroundings.

Esa tarde hablamos de la importancia de la higiene ordinaria. La conversación es buena, aunque no tan buena como jugar al béisbol, pero se dice que es una parte básica e importante del campamento.

—Ahora, váyanse a casa para bañarse, porque han pasado dos horas o más jugando al béisbol y ustedes apestan. Puedo olerlos desde aquí —dice el señor Pérez con una sonrisa enorme. Es evidente que a este hombre le encanta su trabajo.

Cuando voy a recoger a mi hermana, el señor Pérez me llama.

—Elvin, tenés un minuto. Quiero hablar con vos.
—Sí, señor. Claro.
—Elvin, estás jugando muy bien en el campamento. ¿Te divertés? —me dice el señor Pérez apoyado en mi hombro.
—Sí, señor. Gracias.
—Y Elvin, ¿todavía no has regresado a la escuela?
—No. Todavía no. Mi mamá no puede encontrar a nadie que puede cuidar a Alejandra —le digo—. Y no quiere perder su trabajo.
—Ya veo. Pues conozco a muchas personas que trabajan en sus casas tejiendo pulseras para una organización. Me dicen que ganan bastante dinero y que les gusta. ¿Querés decírselo a tu mamá?

—No sé qué va a decir mi mamá, pero se lo voy a comentar. Ella ha tenido este trabajo en la zona franca por muchos años.
—Solo te lo digo como una opción —me dice el señor Pérez—. Avisáme si tu mamá quiere más información.
—Muchas gracias, señor.

Entonces me acerco a mi hermana, le agarro la mano y empezamos a caminar los dos kilómetros hasta la casa.

*****

Al llegar a la casa después del campamento vemos que mi mamá ya regresó de su trabajo. Está en la cocina con un pie apoyado en una silla. Tiene un yeso[34].

Alejandra no ve el pie malo de mi mamá y salta para sentarse en su regazo[35].

—Hola, mamá. ¿Por qué estás en casa? —pregunta Alejandra, porque normalmente mi mamá no llega a casa tan temprano.
—Ay, hija. Tené cuidado. Mi pie está muy mal —dice mi mamá.

---

[34] yeso: cast.
[35] regazo: lap.

—¿Qué pasó, mamá? —le pregunto.
—Por la mañana en mi trabajo me caí y me torcí el tobillo. Tuve que ir al hospital. Y ya no voy a poder trabajar. Van a darle mi trabajo a otra persona.

Mi mamá cose mucha ropa con una máquina de coser industrial. La compañía para la que trabaja —o trabajaba— es una compañía de los Estados Unidos. Esa compañía recibe las telas y la materia prima[36] de otros países sin pagar impuestos. Hace la ropa en las zonas francas y la exporta.

—Mamá. No te preocupés. Tengo buenas noticias.
—¿Qué es? ¿Ganamos la lotería nacional? —pregunta mi mamá riéndose.
—¡Ja, ja! —Mi mamá tiene mucho sentido del humor—. No, mamá, pero el entrenador Pérez me habló hoy…
—¿Y qué? ¿Va a mandarte a jugar a las Grandes Ligas? —me interrumpe con otro chiste. Mi mamá es muy cómica.
—Ay, mamá. No. Pero me dio información sobre otro trabajo que podés hacer en casa.

En ese instante mi madre empieza a escucharme y le cuento todo lo que me dijo el señor Pérez.

---

[36] materia prima: raw material.

—Está bien. Mañana voy al campamento para hablar con este señor. Y mañana vas a regresar a la escuela.

Tengo muchos amigos a los que no les gusta la escuela, pero no soy como ellos.

—Excelente. Más buenas noticias —le digo.

Ahora el destino está a mi favor.

Capítulo 10
Mario

—Mario, ¿quieres hablar sobre ese campamento de béisbol en Nicaragua?

Le escucho a mi papá, pero no le comprendo. Estoy enfadado con él; muy enfadado. Por su culpa, Carlos está en la cárcel ahora.

—Mario —me dice otra vez—, te he pedido perdón muchas veces ya. Siento mucho que Carlos esté en la cárcel, pero es por su propio bien.
—¿Cómo puedes pensar que es por «su propio bien»? Carlos está en la cárcel con muchos delincuentes —le digo enojado.
—¿Sabes que Carlos es un delincuente también? Vender drogas va contra la ley —me dice en un tono suave.
—Sí, pero...

No quiero hablar más con mi padre. Informó a la policía sobre mi mejor amigo. Y ahora no solo no puedo hablar con Carlos, sino que él no quiere hablar conmigo. Sabe de la traición de mi padre.

—Mario, sabes que amo a Carlos como a un hijo. No quiero causarle ningún dolor, pero andaba mal, andaba con los de la pandilla y con actividades

ilegales. Por eso hablé con López para ayudar a Carlos.
—¿Y tú piensas que tirándole en la cárcel le ayudas? Tu manera de pensar es rara —le digo.
—Pues, Mario, ¿vas a ver a López hoy? Pregúntale, por favor, cómo podemos ayudar a Carlos. Hemos arreglado todo.

Amo mucho a mi papá, pero ahora siento que lo odio. Agarro mi bolsa de deporte y salgo de la casa sin decirle nada, aunque le doy un beso a mi mamá.

—Hasta luego, mamá. Voy a salir con Jordan esta noche. No voy a estar para la cena.
—Muy bien, Mario. Cuídate. Juega bien.

*****

Es la primera vez que veo a López desde que Carlos fue arrestado. No sé por qué no le echo la culpa tanto como lo hago con mi papá; no estoy tan molesto con él porque López hacía su trabajo.

Y mi padre, ¿no hacía su trabajo?

—Oye, Mario. ¿Qué tal? —me dice López.

Yo llego temprano para el partido para poder salir de la casa. López también llega temprano, probablemente para hablar conmigo. Le contesto finalmente.

—Hola. Bien.
—¿Estás listo para jugar hoy? —me pregunta.
—Sí.
—Mario, debes estar enojado y molesto por la situación con Carlos, ¿no? ¿Puedo explicarte la situación? —me dice al notar que no quiero hablar.

No quiero oír nada sobre la traición de los dos hombres más importantes en mi vida a mi mejor amigo, pero en ese momento pienso en cómo López me ayudó aquel día cuando tenía ocho años y cómo me ha ayudado desde entonces. Quizás piense ayudar a Carlos también.

—Sí. Me molesta mucho. Pero, si me puedes explicar cómo esta situación va a ayudar a Carlos, quiero saberlo.
—Mario, tú sabes que Carlos ha vendido drogas por unos años. Y sabes también que el resultado sería la muerte o la prisión. Eso tú lo sabes, aunque no quieras aceptarlo. Cuando un joven llega a la cárcel antes de los 18 años, el sistema puede trabajar con él para que se reforme...
—¿El sistema? ¿El sistema que manda a prisión a tanta gente injustamente? ¿Ese sistema? ¿El

sistema que no deja a la gente pobre salir con fianza porque no la puede pagar? ¿Ese sistema? —contesto muy enojado.

Las palabras que salen de mi boca son justas y correctas, pero la manera en que se las digo a López no lo es. Siempre ha sido bueno conmigo.

—Mario —me dice con calma—. Tu padre me habló sobre la situación de Carlos porque está preocupado y porque ama a Carlos. Tu padre tiene mucha confianza en mí y yo hice lo que pude para ayudar con la situación.
—Pero Carlos va a tener que pasar tiempo en la cárcel —le digo—. No es justo.
—Lo que no es justo es la situación en que tiene que vivir Carlos. Su madre no lo ayuda y su hermano está en prisión. Un muchacho que vive así…, eso es injusto.
—¿Y vivir en la prisión es mejor? —le pregunto a mi mentor.
—Estoy hablando con muchas personas sobre el caso de Carlos. Tengo una amiga que es trabajadora social y otra que es abogada. Las dos van a trabajar en el caso de Carlos. Sí, va a tener que pasar algún tiempo en Prospect, pero allí puede trabajar en muchos programas que le van a ayudar a llevar una vida sin los Trinitarios.

Tengo que procesar toda esta información, pero antes de que pueda formar mi opinión, López habla otra vez.

—Pues, Mario, ahora te toca jugar al béisbol. Luego hablamos sobre el campamento en Nicaragua, ¿OK? Será una oportunidad excelente para ti. Además, mi amigo que organiza el campamento necesita a otra persona que hable español —me dice con una sonrisa—. Juega bien.

¿El béisbol? ¿Quiere que me enfoque en el béisbol?

Estoy muy enfadado. Quizás sea mejor no jugar este maldito deporte.

Capítulo 11
Carlos

Llevo tres meses aquí en Prospect Juvenile Detention Center. Estoy aquí con otros adolescentes delincuentes. Algunos robaban en las casas, otros robaban carros, unos pocos están aquí por haber incendiado edificios y otros vendían droga como yo. Pero la verdad es que la mayoría de los muchachos son buenos aunque cometieron crímenes.

Estamos afuera jugando al básquetbol cuando uno de los muchachos nuevos empieza a hacerme muchas preguntas.

—Oye, Carlos. ¿Cómo recibes tanto correo aquí? ¿Quién te escribe? ¿Por qué?

Está claro que este muchacho no sabe las reglas no escritas del centro de detención. Pues, parece que no sabe nada de la vida de las calles. No es como la mayoría de los muchachos aquí. No tiene mucha calle[37]. Está aquí por un crimen que tiene que ver con computadoras y el Internet. Es un poco complicado y no entiendo bien, pero me dice que me puede enseñar sobre programas informáticos. Y me sorprende, pero quiero aprender.

---

[37] tener calle: to have street sense.

—Ay, Henry. Haces muchas preguntas, ¿no? ¿Cómo puedes ser tan inteligente y tan estúpido a la vez? ¡Ja, ja!

Le paso el balón y me lo devuelve a mí otra vez.

—Carlos, nadie de mi familia me escribe. Y no tengo amigos…
—Las cartas que recibo son de mi mejor amigo, Mario, y de su papá —le digo.
—Me dijiste que el padre es la razón por la que estás aquí, ¿verdad? ¿Fue él el que informó a la policía sobre las drogas?
—Sí, Henry.

Le he explicado muchas veces a Henry lo que me pasó, pero todavía no se lo cree. Tampoco me lo creo yo.

*****

Hace dos meses, después de pasar dos noches en la cárcel, López vino a verme. Me habló desde fuera de la celda.

—Carlos, te vamos a ayudar. El señor Sandoval…
—Por culpa de ese maldito hombre estoy aquí. Ustedes no habrían sabido nada si no fuera por él —grité.

—Con calma, Carlos. Entiendo que estés enojado. Y con razón. La verdad es que sí sabíamos de tus actividades, pero también el señor Sandoval me pidió ayuda.

Todavía estaba enfadado por estar en la cárcel y no con mis muchachos de los Trinitarios, pero me calmé un rato para escuchar.

—¿Cómo te pidió ayuda? ¿Por qué? ¿Y cómo tiene que ser un problema para mí? —le pregunté.
—Carlos, escucha. Los señores Sandoval te quieren como a su propio hijo. No sabían qué hacer para ayudarte y por eso el señor Sandoval me habló.
—¿Por eso hablaba contigo tanto durante los partidos de béisbol? ¿Para darte información?

El enojo todavía estaba ahí, pero también quería llorar. Nadie, ni en mi propia familia, me amaba tanto.

—Carlos, luego te explico más. Ahora tengo que regresar a mi turno[38]. Mañana vas a la corte y la jueza te va a dar la sentencia. Un año probablemente.

Y con eso, me ofreció la mano, pero no la acepté.

---

[38] mi turno: my shift.

*****

Henry y yo paramos de jugar el juego de uno a uno y le cuento todo sobre los Sandoval. Soy muy afortunado por tener a la familia Sandoval en mi vida.

—Entonces —dice Henry—, ¿el padre de Mario informó a la policía sobre ti porque quería ayudarte?
—Sí, mano. Con la relación que tiene con ese oficial, tiene más confianza que yo en el sistema de justicia.
—Ya veo por qué recibes tantas cartas de él y por qué las guardas —dice Henry.
—Al principio no las leía. Estaba tan enojado que no podía pensar en nada más. No quería hablar con el oficial López ni con el señor Sandoval ni con Mario. Quería estar con mis muchachos en la calle….

Dejo de hablar y pienso en mi mejor amigo. Desde que éramos muy jóvenes cuando nos conocimos en la residencia, Mario ha estado a mi lado. Si, siempre jugábamos e íbamos a la escuela juntos y, aún cuando empecé la vida criminal, no me dejó. Me ha tratado con humanidad, como amigo pues, como un hermano. Me siento afortunado.

—¿Los has visto desde que llegaste aquí a Prospect? —pregunta Henry.

—Todavía no, porque yo no he querido. Pero ahora sí quiero. Y cuando los vea, va a ser un momento especial —le contesto.

Tengo muchas preguntas para los dos, el señor Sandoval y Mario pero, de momento, solo pienso en que quiero verlos.

No sé si puedo esperar hasta entonces.

Capítulo 12
Elvin

Alejandra y yo estamos en la cocina ayudando a mi mamá con las etiquetas. En cada pulsera que teje, ella tiene que incluir una etiqueta con el nombre de nuestro pueblo, su foto y su firma. Yo corto las fotos y Alejandra las pega en las etiquetas. Es una producción en cadena similar a como trabajaba mi mamá antes, pero ahora todos nosotros trabajamos juntos en la casa.

—Mamá, ¿para quiénes tejés estas pulseras? —pregunta Alejandra.
—Hija, ya te dije, estas pulseras se venden en escuelas y colegios en el mundo. Son para los estudiantes en los Estados Unidos y en otros países —explica mi mamá.
—Pero ¿por qué las quieren? ¿No hay pulseras en esos países?

Mi mamá sale para empezar a preparar la cena y no oye a Alejandra, entonces le hablo otra vez sobre la organización que da trabajo a la gente en Nicaragua y oportunidades a los estudiantes en los Estados Unidos.

—Alejandra, ¿te acordás que las pulseras que tejen mamá y las otras personas se envían a personas en los Estados Unidos para que las vendan? Esas personas, grupos escolares en su mayoría, aprenden sobre la vida aquí en Nicaragua y nuestra gente. Es una conexión bonita.

—¡Oh! Y las etiquetas dicen quiénes hacen las pulseras —dice Alejandra.

—Exacto, Alejandra.

Ahora que lo entiende mejor, Alejandra empieza a tomar el trabajo más en serio. Y yo empiezo a pensar en qué va a pasar mañana en el campamento de béisbol: llegan unos jugadores de béisbol de una universidad en un estado en el norte de los Estados Unidos. Ellos van a jugar con nosotros por una semana y vamos a tener un minitorneo entre todos los equipos en el campamento. No puedo esperar. Por fin ¡una competición!

*****

Al día siguiente llego al campo con mi nuevo guante. El entrenador Pérez me lo ofreció a un precio bajo y mi mamá me lo compró. Ella gana más dinero ahora tejiendo pulseras y está muy feliz. No solo está feliz con el dinero extra, está superfeliz de estar trabajando en la casa y de no tener que ir a la zona franca cada día. Le gusta pasar tiempo con Alejandra, especialmente porque ella va a ir a la escuela pronto.

Cuando llego, veo a mis amigos Walter y Sebastián. Ellos están organizando el equipamiento según la dirección del entrenador Pérez.

—Hola, ¿qué pasa? —les digo.
—Hola —me dicen—. Preparamos el campo y esperamos al equipo de los Estados Unidos.

En ese momento llega una camioneta con una docena de muchachos muy altos y grandes. Bajan de la camioneta y empiezan a bajar muchas bolsas con guantes de béisbol, pelotas, gorras y más. Increíble. Pero nadie dice nada.

—Bienvenidos —dice el entrenador Pérez—. Gracias por venir a Nicaragua para jugar al béisbol con nosotros. Estamos muy emocionados de que estén aquí.

Los muchachos estadounidenses se sonríen, pero no dicen nada. Miran a un muchacho en el grupo y él empieza a hablar.

—*Welcome. Thank you for coming to Nicaragua to play baseball with us. We're so excited that you're here* —traduce el muchacho y luego sigue hablando, ahora a nosotros —: Gracias por invitarnos y por la oportunidad. Me llamo Mario Sandoval. Aunque no juego con ellos —dice mirando a sus compañeros—

en su equipo, soy jugador de béisbol. Y hablo español, y por eso ellos me invitaron.

Mario dice algo más a sus compañeros en inglés y ellos empiezan a presentarse a nuestro grupo.

—Hola, soy Harrison.
—Me llamo John.
—Soy Trevor.

Es obvio que ellos han practicado esas frases. Y aunque su acento no es perfecto, entendemos muy bien lo que dicen y estamos contentos de que hagan el esfuerzo de hablar español. Va a ser una semana muy divertida.

Después de una charla de los entrenadores y unos ejercicios de calentamiento, empezamos a jugar bajo el sol brillante.

Capítulo 13
Mario

Al llegar a Nicaragua, pasamos la primera noche en Managua pero el resto de la semana vamos a vivir con familias en el pueblo de San Marcos. Hace ya unas semanas que perdí la pasión por el deporte y ya no quiero jugar al béisbol, pero necesitaba una excusa para salir de mi casa y estar lejos de mi padre por un tiempo. No hemos hablado casi nada por muchas semanas. Estoy muy enfadado con él todavía por la situación de Carlos. Me da pena porque mi papá es especial para mí, pero Carlos lo es también.

En los últimos dos meses lo hago todo sin estar convencido. No he tenido ganas de hacer nada, aún menos jugar al béisbol. Aquí en Nicaragua por lo menos no tengo que preocuparme por la comunicación porque hablo español. No estoy como otros muchachos del grupo, que están muy nerviosos.

—No se preocupen —les digo a los otros muchachos—. Usen el español que aprendieron y van a poder comunicarse. Si es necesario, inventen palabras. —Me río de lo que digo, pero quiero calmarlos un poco—. La mayor parte de la comunicación no es verbal. Es actitud.

Actitud. Necesito cambiar la mía o estos días van a ser muy largos.

—Mario, *you're going to stay with Elvin and his family* —dice el entrenador estadounidense cuando llegamos a San Marcos.
—OK —digo y voy a tomar mis bolsas.
—Vamos caminando a la casa. No está lejos. Yo te llevo las bolsas —me dice Elvin casi inmediatamente.
—Está bien, Elvin. Gracias. Voy a tomar esta más pequeña. Tiene unas cosas para tu familia que mandó mi mamá.
—Gracias, Mario. ¿Y cómo es que hablás español? —pregunta Elvin.
—Mis padres son dominicanos. Hablamos español en casa —le digo.
—Oh, son de otro país famoso por el béisbol.
—¡Exacto!

Caminamos diez minutos hasta llegar a la casa. Yo sudo mucho. No estoy acostumbrado al calor que hace en Nicaragua. Es increíble. Pero cuando llegamos, la mamá de Elvin y su hermana, imagino, nos están esperando con agua fría.

—Bienvenido a la casa, Mario —dice la mamá.
—Sí. Bienvenido a la casa —repite como loro la chica, que se llama Alejandra.
—Gracias. Estoy feliz de estar…. ¿Usted es Marisol? Usted teje las pulseras, ¿no? —le pregunto a la mamá de Elvin.
—Sí. Y ¿cómo lo sabías?
—¡Es increíble! Mi novia las vende con una organización que hay en su colegio. A veces, yo la ayudo a ordenarlas y organizarlas. Además, compré una que tejió usted y que voy a regalar a mi mejor amigo. No puedo esperar a dársela.
—¿Por qué no se la has dado todavía? —pregunta Alejandra.

Errr… No hablo mucho sobre Carlos. Es muy difícil su situación y no quiere que la gente sepa de sus problemas. Pero estoy aquí en Nicaragua y como ellos no conocen a Carlos…

—Mi mejor amigo se llama Carlos —les digo—. Él tuvo unos problemas y ahora está en un centro de detención por un tiempo. Va a salir en varios meses.
—Siento la situación de tu amigo, Mario. Pero ¡qué bien!, estoy feliz de que me reconociste —dice la mamá de Elvin—. Gracias al béisbol tengo este trabajo de tejer pulseras. Te explico luego. Ahora Elvin te va a mostrar dónde vas a dormir.

—Muchas gracias, señora. Estoy feliz de estar con ustedes y aún más feliz con la conexión por la pulsera. ¡Voy a tener que mandarle a mi novia un mensaje para contárselo!
—Después de la cena te llevo a un café donde hay WiFi. No tenemos en la casa, pero podés usarlo allí —dice Elvin.
—Gracias, Elvin. Y gracias por tenerme en tu casa.

Elvin me muestra una sonrisa auténtica tanto con los ojos como con la boca.

Vamos a pasar una semana muy buena.

Capítulo 14
Carlos

No hay nadie de mi familia que me visite porque, claro, mi hermano está en prisión, mi papá no está y mi mamá..., pues ella tiene bastante con sus problemas. Pero hoy es el día de visita para las personas que no son familia. Y hoy voy a recibir mi primera visita, aparte del oficial López. El señor Sandoval va a llegar esta tarde y estoy emocionado de poder verlo. Nos hemos estado escribiendo por el último mes y él, igual que López, me ha ayudado mucho. Los dos me han mostrado mucho cariño, especialmente en los momentos más difíciles durante estos meses.

Arreglo mi camisa y mi pantalón, y también mi pelo. Echo un vistazo al espejo antes de salir. ¡Caray! Un desastre… ¿Cómo se lo voy a explicar al señor Sandoval?

Tengo una carta para Mario en el escritorio. La tomo para dársela al señor Sandoval y camino al salón de visitas. Cuando veo a Emilio Sandoval, el padre de mi mejor amigo, me sonrío mucho. También se sonríe. Pero cuando ve mi cara, se borra la sonrisa de la suya.

—Carlos— me dice abrazándome—. ¿Qué te pasó? Ya te dije que no tienes que buscar problemas mientras estés aquí.

«Exactamente como un padre», pienso. Pero estoy tan feliz de verlo que no me enojo. Y la verdad es que se lo puedo explicar.
—Señor Sandoval, gusto verlo —le digo—. Tengo buenas noticias.
—Viendo tu cara, no parecen buenas noticias —me dice el señor Sandoval.
—Es parte de las buenas noticias —le explico—. Pues, no directamente, pero…. Déjeme explicarlo.

Por la primera parte de la visita le hablo al señor Sandoval sobre mi comportamiento y el esfuerzo que estoy haciendo en mis clases.

—Ahora tengo las clases suficientes para regresar a la escuela cuando termine la sentencia aquí en Prospect. Se me olvidó cuánto me gusta aprender —le digo sonriendo.
—Qué bien, Carlos. Me alegro. Pero te dije que no te puedo apoyar más si causas problemas aquí y parece que te estás metiendo en algunos.
—Ah, sí. Mi cara tan hinchada y con moretones… Pues, eso es. No causé ningún problema. En realidad, fui yo al intentar parar una pelea, o mejor

dicho, parar una golpiza[39] contra un compañero. Mi amigo Henry, el sabio de las computadoras como te conté, estaba por recibir aún más puñetazos de unos tipos de una pandilla por no haberles dado una contraseña de un programa informático. Me metí para separarlos y los malos me pegaron a mí. Pero, señor Sandoval, estoy muy feliz.

—¿Por qué, Carlos? —me pregunta.

—Por primera vez no lancé ningún puñetazo[40]. Me defendí y me protegí con los brazos, pero nada más. No quería tener ningún problema con los guardias, con López, y claro, ni con usted. Por primera vez en mi vida tengo planes para el futuro —le digo sonriendo.

—Ay, Carlos. Todo lo que me cuentas me pone muy contento. Y estoy sumamente feliz de que tengas planes para el futuro.

—Sí, señor. Aprendo mucho de Henry sobre las computadoras y quiero estudiar informática. Me gusta mucho. De hecho, estoy creando un programa para el béisbol…

—¿Ah, sí? —me pregunta el señor Sandoval—. ¿Vas a poder registrar las estadísticas de los jugadores como Mario? ¿Vas a querer trabajar con él?

---

[39] golpiza: beating.
[40] puñetazo: punch.

—Claro, voy a trabajar con Mario. Voy a pasar más tiempo con él cuando salga de aquí porque no voy a poder estar con los otros muchachos de la pandilla. No son buenos para mí.

El señor Sandoval se mueve en la silla. De repente, parece incómodo y parece que va a llorar.

—Carlos, sabes que eres como un hijo para mí y para la señora Sandoval, ¿no? —Me sonrío otra vez, pero no digo nada. El padre de mi mejor amigo continúa —: Pues, Carlos, mi esposa y yo queremos que vivas con nosotros cuando salgas de Prospect. Sé que el apartamento es pequeño, pero lo arreglamos para…
—¿En serio, señor Sandoval? ¿Ustedes harían eso por mí?

Ahora me toca a mí llorar. Las lágrimas se derraman por mis ojos hinchados. Me duele un poco, pero no me importa.

—Entonces, hijo, ¿qué dices? ¿Quieres venir a vivir con nosotros? —me pregunta apoyándose en mi brazo.
—Sí, señor. Me encantaría. Y gracias.

Capítulo 15
Elvin

Es viernes y todos los jugadores estadounidenses y algunos de nuestro campamento de béisbol estamos en un bus para ir a la capital. Mañana se van nuestros nuevos amigos del norte, pero esta noche todos vamos a ir a un partido de béisbol profesional al Estadio Nacional en Managua. Los Indios de Bóer juegan contra Los Tigres de Chinandega. Para la mayoría de los nicos[41] del grupo, es la primera oportunidad que tenemos de ir a un partido profesional de béisbol y también de ir a la capital. Pero no hablamos de eso en el bus. Hablamos de nuestro tema favorito: el béisbol.

—Ustedes jugar muy bien. Nosotros no ganar el partido ayer —dice Trevor, un jugador del equipo estadounidense.

Su acento me hace reír y, aunque su español está mal, lo entiendo. Y es evidente que todos se sienten ya más cómodos con el español. Me habla a mí ahora.

---

[41] nicos: nickname for Nicaraguans.

—Y Elvin —me dice Trevor ahora—, tú eres un pícher excelente. Tú necesitar jugar en nuestro... en nuestro... Mario, *how do you say «team»?*
—Equipo —dice Mario.
—*Oh yeah*, equipo. Tú necesitar jugar en nuestro equipo.

Mario me mira y se sonríe. Hablamos un poco sobre los acentos de sus compañeros y su español. De veras, los imitamos, pero no para ofender; solo para bromear.

Mario y yo hablamos mucho durante estos días. Me contó las dificultades que tenía con su padre y los problemas que tiene su amigo, Carlos. Y también me habló de su deseo de dejar al béisbol.

—Ya no quiero jugar más —me dijo—. Algo me pasó cuando Carlos fue a la cárcel.

Pero ahora parece más contento. Él y yo trabajamos mucho estos días la postura y la técnica de la posición de pícher, y también la actitud. Me ha ayudado mucho.

«Elvin, tienes que usar más de la fuerza del abdomen cuando lanzas. Usa más partes de tu cuerpo. No solo puedes usar tu brazo o ¡se te va a caer!» me dijo. Con unos consejos fáciles de Mario que, según me dijo él aprendió de su amigo López, aprendí bastante para permitir solo dos *hits* en el último partido contra los universitarios. Ha sido una semana excelente.

Hablamos por la hora entera en el camino a Managua, y por fin llegamos al Estadio Nacional. Al bajar del bus, el entrenador del equipo de los Estados Unidos me habla.

—*Elvin, when you're ready to go to college and play at the next level, I want you to contact me. Here's my card. You're a great player.*

No entiendo exactamente lo que dice, solo sé que escuché *play* y *college* y que me ofreció su tarjeta con la información de contacto.

—Gracias —le digo sonriendo.

Mario me explica rápidamente lo que dijo el entrenador, y la sonrisa que llevaba solo para ser cortés, se convierte ahora en una sonrisa verdadera.

—Señor, muchísimas gracias. Gracias por todo.

Entramos en el estadio y encontramos asientos detrás de *home*; listos para otro partido de béisbol.

Capítulo 16
Mario

No dormí nada anoche. Lo pasamos muy bien en el partido de béisbol profesional en Managua. Fue una experiencia que nunca olvidaré. Comparaba el partido con los partidos profesionales en los Estados Unidos, pero son completamente diferentes; no tienen nada que ver. El estadio estaba lleno de aficionados. Las personas gritaban, se burlaban de los aficionados del equipo contrario y se insultaban. Pero el ambiente no fue malo como es a veces en los Estados Unidos, fue más cómico que nada.

En el estadio hubo una banda oficial y también otras bandas no profesionales. Todos estaban allí para divertirse. El ambiente era electrizante. El ruido en el estadio era tan fuerte que no se podían oír las presentaciones de los equipos y, de todos modos, no presentaron a los jugadores. El propósito fue ver jugar a dos equipos, no idolatrar a ningún jugador en particular. Fue increíble.

Ahora, en el avión, pienso en cómo me ha cambiado este viaje. Ahora no solo quiero continuar jugando al béisbol, quiero ayudar a otros chicos también, como López me ayudó a mí. Quiero hablar con mi papá sobre esta idea.

Sí. Quiero hablar con mi papá. Todavía estoy un poco molesto con él por lo que pasó con Carlos, pero sé que mis padres lo aman y quieren ayudarlo. Vamos a tratar de ayudarlo más. Es como mi hermano...

*****

Me duermo y no me despierto hasta llegar a Miami.

—Mario. Despiértate —me dice John—. Ya llegamos.

Al llegar a la terminal del aeropuerto en Miami, antes de pasar por la aduana, llamo a mi papá.

—Hola, papá. Te habla Mario. Llegamos a Miami —digo. Me pregunta algunas cosas sobre el viaje y, cuando termino de contestar, continúo. —: Papá, siento haberme portado tan mal contigo. Estaba enojado y...
—Mario, no te preocupes. Lo entiendo perfectamente. Y tengo buenas noticias que darte cuando llegues.
—¿Por qué no me las puedes contar ahora? —le pregunto.
—Porque quiero verte la cara.

—Bien, papá. Quiero verte. ¿Esta semana podemos ir para visitar a Carlos? No tengo noticias suyas por un tiempo —le digo.
—Claro. Nos vemos por la tarde. Estoy feliz de que ya estés en los Estados Unidos otra vez.
—Yo también, papá. Saludos a mi mamá. Hasta más tarde.

*****

Llegamos a Nueva York. En la zona del aeropuerto el tráfico es una pesadilla, pero rápidamente veo a mi papá que llega en un Uber.
—Hola, Mario —me dice abrazándome.
—Papá. Te extrañé mucho —le digo. Espero que mi papá sepa que no solo lo extrañé durante el tiempo que estuve en Nicaragua, sino durante las semanas anteriores también.
—¿Lo pasaste bien? —me pregunta mi papá.
—Superbién. ¿Sabes qué? Antes del viaje pensaba en dejar el béisbol.
—¿Y ahora? —me pregunta.
—Papá, el béisbol es mi pasión. No solo quiero jugar, necesito jugar. Es parte de mí. Es un poco cursi[42], pero así lo siento.

---

[42] cursi: corny.

—Mario, puedes hacer lo que quieras, pero personalmente me alegro de que vayas a continuar jugando. Me encanta verte jugar. Y ahora, ¿estás listo? —dice mi padre sonriendo.

—¿Para ir a la casa? Sí. Estoy muy cansado y quiero comer —le contesto.

—No. No para ir a la casa. Vamos a Prospect primero para ver a Carlos.

—¿De veras? ¡Excelente!

—Sí, Carlos tiene que decirte algo —dice mi papá con una sonrisa enorme.

—¿Qué es?

—Ya lo verás.

*****

Veo a Carlos e inmediatamente le doy un abrazote[43].

—Los[44], ¿cómo has estado? —le pregunto.

Carlos se ve excelente. Parece alerta y con mucha energía, y es evidente que ha pasado tiempo haciendo ejercicio, porque ya se ve más fuerte.

—Mario, gusto verte. Te he extrañado. Estoy bien, muy bien. He estado estudiando mucho, programación en particular.

---
[43] abrazote: big hug.
[44] Los: a shortened form of «Carlos».

—¿Qué? ¿¿Tú?? ¡Qué bueno! —le digo.
—Carlos, dile a Mario las otras noticias —dice mi papá.
—Mario, además de López, tu papá me está ayudando mucho. Me apoya y me felicita, pero también me reprende[45] cuando es necesario —dice Carlos sonriendo—. Me ha invitado, junto con tu mamá, a vivir con ustedes cuando termine mi sentencia. Pero no quería aceptar sin avisarte primero.

Me quedo boquiabierto. ¿Mi papá ha estado ayudando a Carlos por todo este tiempo?

Claro.

Mis padres son buenos.

No soy llorón[46], pero siento que se me saltan las lágrimas[47].

—¿Papá? —le pregunto.
—Sí, Mario. Siempre te he dicho que Carlos es como otro hijo para nosotros.
—Entonces, claro que vas a vivir con nosotros, Los —le digo sonriendo.

---

[45] reprende: he reprimands.
[46] llorón: crybaby.
[47] se me saltan las lágrimas: I shed tears.

Le doy a Carlos nuestro apretón de manos y también le doy otro abrazote.

—Bienvenido a la familia.

Epílogo

La familia Sandoval vive durante unos meses más en su pequeño apartamento. Pero el señor Sandoval consigue un nuevo trabajo como conserje de una vivienda en el barrio y ahora viven en un apartamento con tres dormitorios.

La Señora Sandoval sigue trabajando también y está superfeliz de tener a sus dos hijos, Mario y Carlos, en la casa con ella.

Mario y Carlos se llevan bien, aunque, como todos los hermanos, se pelean también.

—Claro que me gusta el programa, Carlos, pero tienes que mejorarlo para poder incluir todas las estadísticas de un partido no solo jonrones[48] y *hits*.
—Mar[49] —dice Carlos—, ya te dije que es la primera versión, ¿no? Con calma, hermano. Voy a incluir todo.

Carlos está creando un programa, una *app* que los chicos y chicas del campamento en Nicaragua pueden usar para monitorizar sus estadísticas del béisbol —y para practicar las matemáticas

---

[48] jonrones: homeruns.
[49] Mar: shortened form of «Mario».

también—. Además, ya hizo algo similar para la mamá de Elvin y las otras personas que tejen las pulseras. Ahora todos los tejedores registran su trabajo y tienen más control de su parte del negocio.

Elvin sigue con sus estudios a la escuela secundaria. Después de la experiencia con el equipo de los Estados Unidos, no se ha olvidado de lo que dijo el entrenador estadounidense. Por eso, Elvin estudia inglés en unas clases especiales fuera de la escuela. A la vez, juega al béisbol con el señor Pérez y trabaja con su organización. Alejandra ya está en la escuela y no se necesita a nadie para cuidarla. La mamá de Elvin continúa sus labores de tejer y ahora es capataza[50] de otros tejedores en San Marcos. Sí: tejedores. Las personas que tejen no solo son mujeres. De hecho, el padre de Elvin ahora teje con su esposa. Los dos ganan más dinero tejiendo pulseras que trabajando en la zona franca. Con sus padres como tejedores, la calidad de vida ahora es mucho mejor para la familia.

—Carlos, está fenomenal lo que haces, ¿sabes? —le dice Mario a su mejor amigo.
—Gracias, mano. Estoy orgulloso de ti también. Y estoy muy emocionado de que vayas a tener una

---

[50] capataza: person in charge of a group of workers.

oportunidad para jugar al béisbol en la universidad. Te voy a extrañar, pero voy a trabajar para poder visitarte.

Mario va a estudiar y jugar al béisbol en la Universidad de Miami el año que viene. Carlos se queda con los Sandoval y va a estudiar en CUNY[51] en Manhattan. Quiere aprender más sobre informática.

—Oye, Carlos. López me dio algo para nosotros dos.
—¿Qué es?
—Entradas para un partido.
—¿Los Yankees? ¿Por la noche? —le pregunta Carlos a Mario.

La sonrisa en la cara de Mario le da la respuesta.

—Después de todo, ese López no es tan malo —dice Carlos y se sonríe también.

---

[51] CUNY: City University of New York.

GLOSARIO

A
a - to, at
abajo - below
abogada/o - lawyer
abrazo - hug
abrazote - big hug
abrazándome - hugging me
abrí - I opened
abro - I open
absolutamente - absolutely
acaba - it ends
aceptar/lo - to accept (it)
acepté - I accepted
acera - sidewalk
(se) acerca - s/he approaches
(se) acercan - they approach
(me) acerco - I approach
(te) acordás - you remember (voseo)
acostumbrado - accustomed
actitud - attitude
actividad(es) – activities
(estar de) acuerdo - be in agreement
(me) acuerdo - I remember
(de) acuerdo - OK
además - besides
admitió - s/he admitted
adonde/adónde - where
aduana - customs
aeropuerto - airport
aficionados - fans
afortunadamente - fortunately
afortunado - fortunate
afuera - outside
agarran - they grab
agarraron - they grabbed
agarro - I grab
agosto - August
agradecidos - thankful
agua - water
aguacate - avocado
agudo - piercing
ahí - there
ahora - now
ahorita - right now
(me) alegro - I am happy
algo - something
alguien - someone
algún - some
algunas/os - some

alistarme - to get ready
(me) alisto - I get ready
allí - there
almorzar - to eat lunch
almuerzo - I eat lunch
alta/o(s) - tall
ama - s/he loves
amaba - I, s/he loved
amable - kind
amamos - we love(d)
aman - they love
amaneciste - you woke up
amarillo - yellow
ambiente - environment
amiga/o(s) - friend(s)
amistad - friendship
amo - I love
anaranjado - orange
andaba - I, s/he walked
andan - they walk
anoche - last night
año(s) - year(s)
antes - before
aparece - s/he, it appears
aparte - separate
apoya - s/he, it supports
apoyado - supported
apoyándose - supporting
apoyar - to support
apoyo - support
apreciar - to appreciate
aprendemos - we learn
aprenden - they learn
aprender - to learn
aprendí - I learned
aprendieron - they learned
aprendió - s/he learned
aprendo - I learn
apretados - tight
aquel - that
aquí - here
arco - arc
arreglado - arranged
arreglamos - we arrange(d)
arreglar - to arrange
arreglo - I arrange
arrestado - arrested
arrestar - to arrest
arrestaron - they arrested
arriba - up
arroz - rice
artesana - artisan
así - so, like that

asientos - seats
asignará - it will assign
asiste - s/he, it attends
asisten - they attend
asistir - to attend
asisto - I attend
asombrado - amazed
aspirando - inhaling
asunto - issue
atardecer - dusk,
atemorizado - terrified
atrapa - s/he, it traps
aún - even
aunque - though
avanza - it advances
avenida - avenue
avión - plane
avisáme - let me know (voseo command)
avisarte - to advise you
ayer - yesterday
ayuda - help
ayudado - helped
ayudamos - we help(ed)
ayudando - helping
ayudar/lo/me/te - to help him/me/you
ayudas - you help
ayude - I, s/he help/s
ayudo - I help
ayudó - s/he, it helped
azul(es) - blue

B

baja - s/he, it lowers
bajan - they get down from
bajar - to lower
bajo - short
balón - ball
bañarla - to bathe her
bañarse - to bathe
banca - bench
banda(s) - band(s)
bandera - flag
baño - bathroom
(se) bañó - s/he bathed
barrio - neighborhood
basta - enough
bastante - really, very
batea - s/he bats
bateador - batter
batear - to bat
bates - bats
belleza - beauty
berenjena - eggplant
beso - kiss

bien - well
bienvenido(s) - welcome
blanca/o(s) - white
boca - mouth
bocina - horn
bolsa(s) - bag(s)
bolsillo(s) - pocket(s)
bonita - pretty
boquiabierto - dumbfounded
(se) borra - it removes
botón - button
bravo - angry
brazo(s) - arm(s)
brillante - shiny
bromeando - kidding
bromear - to kid
buen/a/o(s) - good
burlaban - they made fun of
burlarme - to make fun of
buscar - to look for

C
cabeza - head
cácher - catcher
cachete - cheek
cada - each
cadena - chain
(se) cae - s/he, it falls
caer - to fall
cal - quicklime
calentamiento - warm up
calentar/me - to warm up
calidad - quality
calienta - it warms
cállate - shut up
calle(s) - street(s)
(con) calma - calmly
(se) calma - he calms down
calmarlos - to calm them
(me) calmé - I calmed down
calor - heat
cambia - s/he, it changes
cambiado - changed
cambiando - changing
cambiar/me - to change
cambio - I change
cambió - s/he, it changed
camina - s/he walks
caminamos - we walk(ed)
caminan - they walk
caminando - walking
caminar - to walk
camino - I walk
camioneta - truck
camisa - shirt
camiseta - T-shirt

campamento(s) - camp(s)
campo(s) - countryside
cancha - field
cansada/o(s) - tired
cantidad - quantity
capataza - foreperson
captura - s/he, it captures
cara - face
caray - darn it!
cárcel - jail
cariño - affection
carrera(s) - career(s)
carro(s) - car(s)
carta(s) - letter
cartera - wallet
casa(s) - house(s)
casco - helmet
caseta - dugout
casi - almost
caso - case
causar/le - to cause him/her
causo - I caused
(me) caí - I fell
celda - jail cell
cena - dinner
cenar - to eat dinner
cerca - close to
cero - zero
chao - 'bye
charla - s/he chats
charlando - chatting
chica(s) - girl(s)
chico(s) - boy(s)
chiste - joke
cielo - sky
cinco - five
cita - date, appointment
ciudad - city
clara/o - clear
claridad - clarity
claro - of course
cocina - kitchen
colegio(s) - high school(s)
comen - they eat
comenta - s/he comments
comentar - to comment
comentarista - commentator
comer - to eat
cometer - to commit
cometiendo - committing
cometieron - they committed
cómica/o - funny
comida - food
comido - eaten
comiste - you ate
como - like, as
cómo - how
cómodo(s) - comfortable

comparaba - I, s/he compared
compañero(s) - classmates, teammates
completamente - completely
complicada/o - complicated
comportamiento - behavior
comprar - to buy
comprendo - I understand
compré - I bought
compró - s/he bought
común - common
comunicar/se - to communicate
con - with
concentrarme - to concentrate
conexión - connection
confianza - confidence, trust
conmigo - with me
conocen - they know
conocerla/los - to know it/her, them
conoces - you know
conocí - I met
conocimos - we met
conozca - I, s/he knows
conozco - I know
consciente - conscious
consejo(s) - advice
consigue - s/he, it gets
contactaré - I will contact
contar - to count, say/tell
contárselo - tell it to him/her
contento(s) - happy
contesta - s/he answers
contestar/le - to answer/him
contesto - I answer
contestó - s/he answered
contigo - with you
continuar - to continue
continua - s/he, it continues
continúo - s/he, it continued
contra - against
contrario - contrary
contraseña - password
conté - I counted, told
contó - s/he counted, told

convencido - convinced
convierte - s/he converts
córdobas - Nicaraguan monetary unit
corran - they run
corre - s/he, it runs
correo - mail
correr - to run
corrí - I ran
corte - court
cortés - courteous
corto - short
cortó - s/he cut
cosa(s) - thing(s)
cose - s/he sews
coser - to sew
cosiendo - sewing
costosa - expensive
costumbre - habit
creando - creating
crecer - to grow
cree - s/he, it believes
creo - I believe
cristal - glass
cuáles - which
cualquier/a - whichever
cuando/cuándo - when
cuantas - how many
cuánto(s) - how many
cuarenta - forty
cuarto - room
cuatro - four
cúbreme - cover me
cuenta - s/he counts, tells
cuentas/cuentes - you count, tell
cuento - I count, tell
cuerpo - body
cuestan - they cost
cuida - s/he, it cares for
cuidaba - I, s/he cared for
cuidado - careful
cuidan - they care for
cuidar/la - to care for/her
cuídate - take care
culpa - fault
cumplida - accomplished
cumplir - to accomplish

D

da - s/he, it gives
dado - given
dando - giving
dándole - giving to him/her
dar/le/te - to give to him/you

dársela - to give it to him/her
de - of, from, about
dé - I, s/he give/s
deben - they must
debería - I, s/he he must
debes - you must
debo - I must
decir/le/me/te - to say, tell to him/me/you
decían - they said, told
decírselo - to tell it to him/her
defendí - I defended
definitivamente - definitely
deja - s/he, it allows
dejar - to stop
déjeme - let me
dejo - I stop, allow, leave behind
dejó - s/he stopped, allowed, left behind
delante - in front of
demás - others
demasiado - too much
dentro - inside
deporte - sport
derecho - right
(se) derraman - they spill

desaparece - s/he disappears
desaparecer - to disappear
desastre - disaster
desayuno - breakfast
desde - from, since
deseo - I wish
(se) despide - s/he says goodbye
despiértate - wake up
(me) despierto - I wake up
después - after
destino - destination
destruir - to destroy
detalles - details
detrás - behind
devuelve - s/he returns
día(s) - day(s)
dice - s/he, it says
dicen - they say
dices - you say
dicho - saying
dieciséis - sixteen
dientes - teeth
dieron - they said
diez - ten
difícil(es) - difficult
dificultades - difficulties
digas - you say
digo - I say
dije - I said

dijiste - you said
dijo - s/he, it said
dile - tell him/her
dinero - money
dio - s/he gave
dios - god
dirección - address
direcciones - directions
directamente - directly
diría - I, s/he would say
divertida - fun
divertirse - to have fun
divertés - you have fun (voseo)
doble - double
doblo - I turn
doce - twelve
docena - dozen
dólares - dollars
dolor - pain
dominicana/o(s) - Dominican
don - mister
doña - missus
donde/ dónde - where
donjuán - ladies' man
dormida - sleepy
dormir - to sleep
dormitorios - bedrooms
dormí - I slept
dos - two
doy - I give
droga(s) - drug(s)
drogada - drugged
duele - s/he, it hurts
duermo - I sleep
durante - during
duro - hard

E

e - and
echa - s/he tosses
echarle la culpa - to blame him
echaron la culpa - they blamed
echo - I toss
edificio(s) - building(s)
ejercicio(s) - exercise(s)
electrizante - electrifying
emocionado(s) - exciting
empecé - I started
empezado - starting
empezamos - we start(ed)
empezar - to start
empezó - s/he, it started
empieza - s/he, it starts

empiezan - they start
empiezo - I start
en - in, on
encanta - it is very pleasing to
encantaría - it would be pleasing to
encima - on top of
encontramos - we find, found
encontrar/me - to find me
encontraron - they found
encontremos - we will find
encontró - s/he, it found
encubierto - covered
encuentra - s/he finds
encuentro - I find
enfadada/o - angry
(me) enfado - I get angry
enfoca - s/he, it focuses
enfoque - focus
enfrentarse - to confront
enfrente - facing
enojada/o - angry
enojar/me/se - to anger

enojo - anger
enorme - enormous
enseñar/les - to teach/them
enseño - I teach
ensuciamos - we get/got dirty
entendemos - we understand
entender - to understand
entendés - you understand (voseo)
entera - entire
enterarse - to be notified
entiende - s/he understands
entiendo - I understand
entonces - then
entrada(s) - entrance(s)
entramos - we enter(ed)
entran - they enter
entrar - to enter
entraremos - we will enter
entre - between
entren - they enter
entrenador(es) - coach(es)
entrenamos - we train(ed)

entrenarnos - to train us
entrevistas - interviews
entro - I enter
envían - they send
enviar - to send
equipamiento - equipment
equipo(s) - team(s)
era - I, s/he was
éramos – we were
eres - you are
es - s/he, it is
esa/e/o - that
esas/os - those
escapo - I escape
escogiste - you chose
escolar(es) - school
escribe - s/he writes
escribiendo - writing
escribo - I write
escritas - written
escritorio - desk
escucha - s/he listens
escuchar/me - to listen to/me
escuché - I listened
escucho - I listen
escuela(s) - school(s)
esfuerzo - effort
esos - those
espejo - mirror
espera - s/he waits
esperamos - we wait(ed), hope(d)
esperando - waiting, hoping
esperándome - waiting for me
esperar - to wait, hope
esperé - I waited, hoped
espero - I wait, hope
esposa - wife
esposas - handcuffs
esquina - corner
esta/e/o - this
está - s/he, it is
estaba - I, s/he was
estábamos - we were
estaban - they were
están - they are
estás - you are
estadio - stadium
estadísticas - statistics
estado(s) - state(s)
estadounidense(s) - United Statesian
estamos - we are
estar - to be
estarás - you will be
estas/os - these
estatal - state
esté - I am, s/he is
estén - they are
estés - you are
estilo - style

etiqueta(s) - label(s), tag(s)
estoy - I am
estudia - s/he studies
estudiando - studying
estudiar - to study
estudios - studies
estuve - I was
estuvo - s/he, it was
exjugador - former player
explica - s/he explains
explicación - explanation
explicado - explained
explicar/lo/te - to explain it/to you
explico - I explain
exportarla - to export it
extendiendo - extending
extrañado - missed
extrañar - to miss
extrañé - I missed
extraño - I miss

F
fábrica - factory
fáciles - easy
fácilmente – easily
falla - s/he misses
falleció - s/he died
falta - it lacks
faltan - they lack
fastidia - s/he irritates
fastidian - they irritate
fea/o - ugly
felicitaciones - congratulations
felicita - s/he congratulates
feliz - happy
fianza - bail
fin - end
firma - signature
formar - to form
formulario - form
frase(s) - sentence(s)
fresca - fresh
fría - cold
frijoles - beans
fue - it was
fuera - outside
fuera(s) - out(s) (baseball)
fuéramos - we were
fuerte - strong
fuerza - strength
fui - I went

G
gana - s/he, it wins, earns
ganador - winner

ganamos - we win/won, earn(ed)
ganan - they win, earn
ganar - to win, earn
ganaron - they won, earned
ganas - you win, earn
gano - I win, earn
genial - nice
gente - people
golpea - s/he, it hits
golpiza - hit
gorras - baseball cap
gorrita - hat
gradas - bleachers
grado - grade
grande(s) - big
gratis - free
grave - serious
grita - s/he shouts
gritaban - they shouted
gritar - to shout
grité - I shouted
grito - I shout
guante(s) - glove(s)
guardar - to save, remain
guardaron - they saved
guardas - you save, remain
guardias - guards
gusta - it is pleasing
gustaría - it would be pleasing
guste - it is pleasing
gusto - pleasure
gustó - it was pleasing

H

haber - to have
haberles dado - having given them
haberme portado - having behaved
habíamos jugado - we had played
habla - s/he speaks
hablaba - I, s/he spoke
hablado - spoken
hablamos - we speak, spoke
hablan - they speak
hablando - speaking
hablar - to speak
hablaste - you spoke
hable - I, s/he speak/s
hablemos - we speak
hablo - I speak
hablás - you speak (voseo)
hablé - I spoke
habló - he spoke
habrá - there will be
habrían sabido - you would have known

hace - s/he, it does, makes; ago
hacen - they do, make
hacer/lo/me - to do, make/it/me
haces - you do, make
hacés - you do, make (voseo)
hacia - toward
hacía - s/he, it did, made
hacíamos - we did, made
haciendo - doing, making
hagan - they do, make
hago - I do, make
hambre - hunger
harían - they would do
hasta - until
hay - there is, are
haya - there is, are
(te) hayas quedado - you have stayed
hazlo - do it
hecho - done, made
helados - ice creams
hermana/ita - (little) sister
hermano/ito(s) - (little) brother(s)
hice - I did, made
hicieron - they did, made
higiene - hygiene
hija - daughter
hijo - son
hijos - children
hinchada/o(s) - swollen
hispana/o - Hispanic
hizo - s/he, it did, made
hombre(s) - man (men)
hombro - shoulder
hora(s) - hour(s), time
horario - schedule
hoy - today
hubo - there was, were
huevo - egg
humanidad - humanity
humildad - humility

I

iba - I, s/he went
íbamos - we went
identidad - identity
idolatrar - to idolize
ignorar - to ignore
igual(es) - equal, same
ilegales - illegal
imagino - I imagine

imagináte - imagine (voseo command)
imitamos - we imitate(d)
importa - it matters
importaba - it mattered to
impresionante - impressive
impuestos - taxes
incendiado - burned
incluir - to include
incómodo - uncomfortable
inconsciente - unconscious
indica - s/he, it indicates
indicó - s/he, it indicated
infarto - heart attack
informática/o(s) - computer related
informó - s/he, it informed
inglés - English
injustamente - unjustly
injusto(s) - unjust
inscribió - s/he signed up
insiste - s/he insists
insultaban - they insulted
intentar - to try
interesaban - they interested
interrumpe - s/he, it interrupts
introdujo - s/he introduced
inventamos - we invent(ed)
inventen - they invent
invita - s/he invites
invitado - invited
invitarme/nos - to invite me/us
invitaron - they invited
invítalo - invite him
invitó - s/he invited
irme - to go
izquierda - left

J
jardín - outfield
jardinero - outfielder
jefe - boss
jonrón(es) - homerun(s)
joven - young
jóvenes - young
juega - s/he plays
juegan - they play
juegas - you play
juego - I play
juegue - I, s/he plays
juegues - you play

jueza - judge
jugabas - you played
jugado - played
jugador(es) - player(s)
jugamos - we play(ed)
jugando - playing
jugar - to play
jugaste - you played
juguemos - we play
jugábamos - we played
jugó - s/he played
junio - June
junto(s) - together
justa/o(s) - just, fair
justicia - justice
juzga - s/he judges

L

lado - side
lágrimas - tears
lancé - I threw
lanza - s/he throws
lanzábamos - we threw
lanzamiento(s) - throws, pitches
lanzar - to throw
lanzas - you throw
lanzo - I throw
larga/o(s) - long
lavan - they wash
lavaplatos - sink
lavar/se - to wash/oneself
leí - I read
leía - I, s/he read
lejos - far
lesión - injury
(se) levanta – s/he gets up
(se) levantan - they get up
levantarme - to get up
(te) levantaste - you got up
levante - I, s/he get/s up
levanto - I get up
ley - law
libra - pound
liga(s) - league(s)
(verde) lima – lime green
limpio - clean
línea - line
lista/o(s) - ready
llama - s/he calls
llamada - call
llaman - they call
llamar - to call
llamas - you call
llame - I, s/he call/s
llamo - I call
llega - s/he arrives
llegamos - we arrive(d)

llegan - they arrive
llegar - to arrive
llegaron - they arrived
llegás - you arrive (voseo)
llegaste - you arrived
llego - I arrive
llegó - s/he arrived
llegue - I, s/he arrive
llegues - you arrive
lleno(s) - full
llevaba - s/he wore
llevan - they wear, carry
llevar/te - to wear, carry
llevo - I wear, carry
llevó - s/he wore, carried
llorando - crying
llorar - to cry
llorón - crybaby
lodo - mud
loro - parrot
luce - s/he, it looks
luego - later
lugar - place
lujo - luxury
lunes - Monday

M

madre - mother
mal - badly
mala/o(s) - bad
maldito - damn
manda - s/he sends
mandarle/te - to send to him/her/you
mandé - I sent
mando - I send
mandó - s/he sent
manera - way
mano(s) - hand(s)
mantener - to maintain
mañana - tomorrow, morning
máquina - machine
mar - sea
marcador - marker
marcar - to mark
más - more
materia - subject
mayor(es) - older
mayoría - majority
mear - to pee
media/o - half
medias - socks
mediodía - noon
mejor(es) - better
mejorar/lo - to improve /it
memorizamos - we memorize(d)
mencionamos - we mention(ed)
mencionarlo - to mention it
mencioné - I mentioned

mencionó - s/he mentioned
menor - younger
menos - less
mensaje(s) - message(s)
mentirle - to lie to him/her
mercado - market
mes(es) – month(s)
mesa - table
metas - goals
metí - I put
metiendo - putting
mía/o - mine
miedo - fear
mientras - while
millas - miles
minitorneo - mini tournament
minuto(s) - minute(s)
mira - s/he looks at, watches
mirada - look
miran - they look at, watch
mirando - looking, watching
mirándolo - watching him, it
mirar - to look at, watch
miro - I look at, watch
misma/o(s) - same
mitad - half

mochila - backpack
modos - ways
molesta - s/he, it bothers
molesto - I bother
monitorizar - to monitor
morado - purple
moretones - bruises
mostrado - shown
mostrar/le - to show him/her
mucha/o(s) – many
muchacho(s) – boy(s)
muchísimas - very many
(se) mudó - s/he moved
mueble - furniture
muerte - death
muestra - s/he, it shows
(no te) muevas - don't move
mueve - s/he, it moves
mujer(es) - woman, women
mundo - world
muñeca(s) - doll(s)
muriendo - dying
murió - s/he died
muy - very

N
nada - nothing

nadie - no one
necesario - necessary
necesidad - necessity
necesita - s/he, it needs
necesitaba - I, s/he, it needed
necesitamos - we need(ed)
necesitar - to need
necesito - I need
necesitás - you need (voseo)
negocio(s) - business(es)
nerviosa/o(s) - nervous
ni - neither, nor
nicaragüenses - Nicaraguan
niega - s/he, it denies
nietos - grandparents
ningún - none (not one)
ninguna/o - none (not one)
nivel - level
niñera - babysitter
niño(s) - child(ren)
noche(s) - night(s)
nombre - name
norte - north
nota(s) - grade(s)
notar - to note
noticias - news
novia - girlfriend
nuestra/o(s) - our
nueva/o(s) - new
nunca - never

O

o - or
obedecer - to obey
obviamente - obviously
obvio - obvious
ocho - eight
odio - I hate
ofender - to offend
oficial(es) - officer(s), official(s)
ofreciéndole - offering him/her
ofreció - s/he offered
oí - I heard
oigan - they hear
oigo - I hear
oímos - we hear(d)
oír - to hear
ojalá - hopefully
ojos - eyes
olerlos - to smell them
olor(es) - odor(s)
olvidado - forgotten
olvidaré - I will forget
olvido - I forget

olvidó - he forgot
once - eleven
ondula - s/he tussles
ordenarlas - to order them
organiza - s/he, it organizes
organizado - organized
organizamos - we organize(d)
organizando - organizing
organizarlas - to organize them
organizo - I organize
orgulloso - proud
orilla - edge
otra/o(s) - other
oye - s/he hears
oyen - they hear

P

padres - parents
pagar - to pay
pague - I, s/he pays
país(es) - country(ies)
palabras - words
palmada - pat
palmadita - soft slap
pan - bread
pandilla - gang
pantalla - screen
pantalones/pantalón pants
papitas - chips
para - for
parada - stop
paralizado - paralized
paramos - we stop(ped)
parar - to stop
parece - s/he, it seems
parecen - they seem
parque - park
partido(s) - game(s)
pasa - s/he, it spends
pasamos - we spend, spent
pasando - passing
pasar - to spend
pasaste - you spent
pase - I, s/he spend
pasé - I spent
paso - I spend
pasó - s/he spent
pasos - steps
patrocinamos - we sponsor(ed)
pedido - asked
pedir - to ask for
pega - s/he hits
pegar - to hit
pegaron - they hit
pelea - fight, s/he fights
pelean - they fight
pelo - hair
pelota(s) - ball(s)

(pelota) pasada - strike (missed pitch)
pendiente - aware
pensaba - I, s/he thought
pensando - thinking
pensar/lo - to think/it
pensé - I thought
pequeña/o(s) - small
perder - to lose
perdí - I lost
perdida - lost
perdón - pardon
permiso - permission
permitió - s/he allowed
permitir - to allow
pero - but
persigue - s/he pursues
pesadilla - nightmare
pide - s/he asks for
pidió - s/he asked for
pie - foot
piedra(s) - stone(s)
piensa - s/he thinks
piensas - you think
piense - I, s/he think/s
pienso - I think
pintaban - they painted
pintadas - painted
pintura - paint

pinturería - paint store
piso(s) - floor(s)
planes - plans
plátano - plaintain
plato - plate
pobre - poor
pobreza - poverty
poco(s) - little
podás - you are able (voseo)
podemos - we are able
poder - to be able
podés - you are able (voseo)
podido - been able
podrá - s/he will be able
podría - s/he would be able
podía - I, s/he could
podían - they could
pollo - chicken
polvo - dust
pondré - I will put
pone - s/he, it puts
ponemos - we put
poner/me/nos - to put me/us
pongo - I put
por - for
porque - because
(se) porta - s/he behaves
portado - behaved

117

practicado - practicing
practicar - to practice
precio - price
prefiere - s/he prefers
pregunta - question, s/he asks
pregúntale - ask him/her
preguntan - they ask
preguntarle - to ask him/her
preguntas - questions
pregunté - I asked
pregunto - I ask
preguntó - s/he asked
preguntón - nosybody
preguntona - nosybody
prendo - I turn on
preocupaba - I, s/he worried
preocupada/o(s) - worried
preocuparme - to worry
preocupe – I, s/he worries
preocupen - they worry
preocupes - you worry
preocupés - you worry (voseo)
prepara - s/he, it prepares
preparado - prepared
preparamos - we prepare(d)
preparar - to prepare
preparo - I prepare
presentar - I present
presentaron - they presented
presentarse - to present
presiona - s/he, it pressures
prestigiosa - prestigious
prima - cousin
primer/a/o(s) - first
principio - beginning
probablemente - probably
procesar - to process
programación - programming
pronto - soon
propia/o - own
propósito - purpose
proteger - to protect
protegí - I protected
protesto - I protest

próxima/o - next
proyecto - project
pude - I could
pudo - s/he could
pueblo(s) - town(s)
pueda - I, s/he can
puede - s/he, it can
pueden - they can
puedes - you can
puedo - I can
puerta - door
pues - well, then
pulsera(s) - bracelet(s)
punto - point
puñetazo(s) - punch(es)

Q
que - that
qué - what
quebradas - broken
quebrar - to break
quebró - s/he, it broke
queda - s/he, it stays
quedado - stayed
quedarme/se - to stay
quédate - stay
quedo - I stay
quedó - s/he, it stayed
queremos - we want
querer - to want
querés - you want (voseo)
querido - wanted
quería - I, s/he wanted
quiebra - s/he, it breaks
quien(es)/quién(es) - who
quieras - you want
quiere - s/he, it wants
quieren - they want
quieres - you want
quiero - I want
quince - fifteen
quisiera - I, s/he would like
quizás - maybe

R
rabia - anger
rara - odd
rato - moment
rayas - stripes
razón - reason
razones - reasons
recibe - s/he, it receives
recibes - you receive
recibir - to receive
recibió - s/he, it received
recibo - I receive
recoger/me - to pick (me) up

recojo - I pick up
reconociste - you recognized
recordar - to remember
recreo - recess
recuerda - s/he remembers
recuerdan - they remember
recuerdo - I remember
refacción - snack
refiere - s/he refers
refiriéndose - referring
reforme - s/he reforms
regalar - to gift
regañó - s/he scolded
regazo - lap
registran - they register
registrar - to register
reglas - rules
regresado - returned
regresamos - we return(ed)
regresar - to return
regresó - s/he returned
reír - to laugh
relajado - relaxed
(de) repente - suddenly
repite - s/he, it repeats
requiere - s/he requires
resina - resin (for bats)
respeta - s/he respects
respetan - they respect
responde - s/he responds
respondes - you respond
respondí - I responded
respuesta - answer
resto - rest
resultado - result
reunión - meeting
reunirme - to join me
rica/o(s) - rich
rieles - rails
ríen - they laugh
riéndome/se - laughing
río - I laugh
ritmo - rhythm
robaban - they robbed
rojo - red
ropa - clothes
rota - broken
ruedas - wheels
ruido - noise

ruta - route

S

sabe - s/he knows
sabemos - we know
saben - they know
saberlo - to know it
sabes - you know
sabés - you know (voseo)
sabido - known
sabio - wise
sabía - I, s/he knew
sabíamos - we knew
sabían - they knew
sabías - you knew
saca - s/he takes out
sala - living room
sale - s/he leaves
salen - they leave
salga - I, s/he leave/s
salgas - you leave
salgo - I leave
saliera - I, s/he leave/s
salir - to leave
salón - room
salta - s/he jumps
saltan - they jump
saluda - s/he greets
saludan - they greet
saludando - greeting
saludándolo - greeting him
saludos - greetings
sangre - blood
sé - I know
sea - I, s/he am/is
seamos - we are
seas - you are
secundaria - secondary
sed - thirst
seguir - to follow
según - according to
segunda/o - second
segundo(s) - second(s)
seis - six
semana(s) - week(s)
sentada/o - seated
sentarse - to sit down
sentido - sense
sepa - I, s/he knows
separarlos - to separate them
ser/lo - to be/it
será - s/he, it will be
seria/o - serious
sería - I, s/he, it would be
sexta - sixth
si - if
sí - yes
sido - been
siempre - always
siente - s/he, it feels
sienten - they feel
siento - I feel
siete - seven

siga - I, s/he follow/s
sigo - I follow
sigue - s/he follows
siguiente - following
silencio - silence
silla - chair
siluetas - sihouettes
simpática/o - nice
sin - without
sino - but
sirve - s/he, it serves
sobra - it is left over
sobre - above, about
sol - sun
solidaridad - solidarity
solito - alone
solo - alone, only
somos - we are
son - they are
sonar - to sound
sonido - sound
sonreír - to smile
sonríe - s/he smiles
sonríen - they smile
sonriendo - smiling
sonrío - I smile
sonrisa - smile
soñábamos - we dreamed
sorprende - s/he surprises
soy - I am
suave - soft
sube - s/he goes up
sudamos - we sweat
sudo - I sweat
suelo - ground
suena - s/he, it sounds
sueños - dreams
suerte - luck
sufren - they suffer
sufrió - s/he suffered
sumamente - extremely
supe - I learned
(por) supuesto - of course
sus - his, her, their
suya(s) - his, hers, theirs

T
tal - so
también - also
tampoco - either
tan - so
tanta/o(s) - so much, many
(se) tarda - it takes (time)
tardaron - they took (time)
tarde - afternoon, late
(buenas) tardes - good afternoon
tarjeta(s) - card(s)
taza - cup
técnica - technical
teje - s/he weaves

tejedores - weavers
tejen - they weave
tejer - to weave
tejés - you weave (voseo)
tejiendo - weaving
tejió - s/he wove
telas - fabrics
tema - theme
temporada - season
temprano - season
tendrá - s/he, it will have
tendré - I will have
tené - have (voseo command)
tenemos - we have
tener/me - to have
tenés - you have (voseo)
tenga - I, s/he have/has
tengan - they have
tengas - you have
tengo - I have
tenido - had
tenía - I, s/he had
teníamos - we had
tercer/a - third
termina - s/he, it finished
terminamos - we finished
termine - I, s/he, it finish/es
termino - I finish

terminó - s/he, it finished
ti - you
tiempo - time
tiene - s/he, it has
tienen - they have
tienes - you have
tierra - earth, land
tipo(s) - type(s), guy(s)
tira - s/he throws
tirando - throwing
tirándole - throwing to him/her
tirar - to throw
tiren - they throw
tiro - I throw
toallitas - towels
tobillo - ankle
toca - s/he, it touches
(me/le) toca - it's my/his/her) turn
tocar - to touch
(le) tocó - it was his/her turn
toda/o(s) - all
todavía - still, yet
toma - s/he, it takes
tomando - taking
tomar - to take
tomo - I take
tomó - s/he, it took
tono - tone
(me) torcí - I twisted
trabaja - s/he works

trabajaba - I, s/he worked
trabajadora social - social worker
trabajamos - we work(ed)
trabajan - they work
trabajando - working
trabajar - to work
trabajo - I work, job
trabajos - jobs
traduce - s/he translates
traé/me - bring (voseo command)
traéme - bring (voseo command)
traer - to bring
traición - betrayal
traje - I brought
tranquilo - calm
trata - s/he, it tries
tratado - tried
tratan - they try
tratando - trying
tratar - to try
(a) través - across
treinta - thirty
tres - three
tribunal - court
triste - sad
tristeza - sadness
tu(s) - your
turno - shft

tuve - I had
tuvimos - we had
tuvo - s/he, it had

U
última/o(s) - last
único - only
unidos - united
universitarios - university level
usa - s/he, it uses
usada - used
usan - they use
usando - using
usar/lo - to use/it
usen - they use

V
va - s/he, it goes
vacío - empty
vagón - train car
valores - values
vamos - we go
van - they go
vas - you go
vaya - I, s/he go/es
vayan - they go
váyanse - go
vayas - you go
ve - s/he, it sees
vea - I, s/he, it sees
veces - times, instances
vecina/o(s) - neighbor(s)

vecindario – neighborhood
vemos – we see
ven – they see
vendan – they sell
vende – s/he, it sells
venden – they sell
vender – to send
vendían – they sold
vendido – sold
vendiendo – selling
vendió – s/he, it sold
vendo – I sell
vengo – I come
vení – come (voseo command)
venido – come
venir – to come
venta – sale
ventana(s) – windows
veo – I see
ver – to see
verano – summer
(de) veras – really
verás – you will see
verdad – truth
verdadera – true
verde – green
verlo/los/me/te – to see him/it/them/me/you
ves – you see
vestidita – dressed up
vez – time, instance
vi – I saw
viaje – trip

vida(s) – life, lives
vieja – old
viendo – seeing

viene – s/he, it comes
vienes – you come
viéramos – we saw
viernes – Friday
vino – s/he, it came
vio – s/he, it saw
visita – s/he visits
visítanos – visit us
visitar/te – to visit/you
visitas – you visit
visite – I, s/he visits
vistazo – glance
visto – seen
vivas – you live
vive – s/he lives
viven – they live
vives – you live
vivíamos – we lived
vivían – they lived
vivienda – housing
vivimos – we live(d)
vivir – to live
vivo – I live
voces – voices
vos – you (voseo)
voy – I go
voz – voice
(da la) vuelta – s/he turned around
vuelve – s/he returns

Y
y - and
ya - already
yeso - cast

Z
zapatillas - cleats

ABOUT THE AUTHOR

Jennifer Degenhardt taught high school Spanish for over 20 years. She realized her own students, many of whom had learning challenges, acquired language best through stories, so she began to write ones that she thought would appeal to them. She has been writing ever since.

Please check out the other titles by Jen Degenhardt available on Amazon:

La chica nueva | La Nouvelle Fille | The New Girl
La chica nueva (the ancillary/workbook volume, Kindle book, audiobook)
El jersey | The Jersey | *Le Maillot*
Quince
La mochila | The Backpack
La vida es complicada
El viaje difícil | *Un Voyage Difficile*
La niñera
La última prueba
Los tres amigos | Three Friends | *Drei Freunde* | *Les Trois Amis*
María María: un cuento de un huracán | María María: A Story of a Storm | Maria Maria: un histoire d'un orage
Debido a la tormenta
La lucha de la vida
Secretos

Follow Jen Degenhardt on Facebook, Instagram @jendegenhardt9, and Twitter @JenniferDegenh1 or visit the website, www.puenteslanguage.com to sign up to receive information on new releases and other events.

www.ingramcontent.com/pod-product-compliance
Lightning Source LLC
Chambersburg PA
CBHW060804050426
42449CB00008B/1526